AF369500

L'ÉCOLE
DES
BOURGEOIS,
COMEDIE.
EN TROIS ACTES,
AVEC
UN PROLOGUE,
PAR MR. D'ALLAINVAL.

À LA HAYE.

Chez ANTOINE VAN DOLE,
ns le Lange Pooten, à l'Enseigne de
go Grotius, M. DCC. XXXIII.

PROLOGUE.

L'AUTEUR.

LE CHEVALIER.

ACASTE.

PANCRACE, Précepteur des Enfans de la Marquise.

LA MARQUISE.

BELISE, Sœur de la Marquise.

LAQUAIS.

La Scene est à Paris & la Marquise.

L'ÉCOLE
DES
BOURGEOIS
COMEDIE
en trois Actes,
AVEC UN PROLOGUE.

PROLOGUE.

SCENE PREMIERE.

L'AUTEUR, LE CHEVALIER.

LE CHEVALIER, *tirant l'Auteur.*

ALLONS, allons, gai, gai, notre ami.

L'AUTEUR.

Hé, Monsieur le Chevalier!

LE CHEVALIER.

Comment, morbleu, je t'amene ici, je t'y
annonce à la Marquise, & à sa sœur; comme un bel es-

prit,

prit, & pendant tout le dîner tu ne defferres pas les dents, ni pour parler, ni pour manger? Qui diable reconnoîtroit un Auteur à ces deux traits?

L'AUTEUR.

Hé! de grace......

LE CHEVALIER.

Quoi? parce que c'eft aujourd'hui la premiere reprefentation de ta piéce! Allons, allons, ventrebleu, de la joye, de la gayeté, de la bonne humeur. Tu as l'air d'un homme, à qui on va lire fon Arrêt.

L'AUTEUR.

N'attends je pas le mien du Parterre? Ciel! combien de juges!

LE CHEVALIER.

Qui n'y viennent point pour dormir, ni pour opiner du bonnet.

L'AUTEUR.

J'y vois de toutes parts des gens d'efprit: de ce côté, c'eft un Avocat qui a pâli toute la journée fur des queftions épineufes de Jurifprudence: là, c'eft un Officier qui vient de perdre fon argent: jci, c'eft un homme defefperé de l'infidelité de fa Femme, ou de fa Maîtreffe. Ils viennent à la Comedie pour faire tréve, l'un à fes travaux, les autres à leurs chagrins. Ils me regardent tous avec un air farouche & effrayant, & je crois les entendre me dire; fais-moi rire, je viens ici pour cela.

SCENE II.

L'AUTEUR, LE CHEVALIER, ACASTE, LA MARQUISE, BELISE, PANCRACE, LAQUAIS.

LE CHEVALIER.

HE! Mesdames, venez donc au secours de ce pauvre diable; il devient fou.

LA MARQUISE *aux Laquais.*

Des sieges. Monsieur va nous lire quelque chose de sa Comedie, en attendant qu'il soit l'heure d'y aller. Où allez-vous, Monsieur Pancrace?

PANCRACE.

Faire la leçon à Monsieur le Marquis votre fils.

LA MARQUISE.

Restez avec nous. *A l'auteur.* Monsieur, tel que vous voyez Monsieur Pancrace, c'est un garçon d'esprit.

L'AUTEUR.

Je le devinois à sa mine.

PANCRACE.

Oh! point du tout.

LA MARQUISE.

Voilà ma sœur, dont le goût est du plus delicat.

ACASTE.

Une preuve de son bon goût, c'est qu'elle m'aime, moi.

LA MARQUISE.

Voici mon Cousin Acaste: Il ne fait que sortir du College; mais il décide de tout avec une merveilleuse hardieſſe,

ACASTE.

Mon Pere dit que j'ai l'air d'un ſot, d'un benêt : mais que je lui reſſemble, & que dans le fond j'ai autant d'eſprit que lui.

LA MARQUISE.

Pour le Chevalier, je ne vous en dis rien; vous le connoiſſez; c'eſt un agreable, un aimable fou....

LE CHEVALIER.

Nous avons cela de commun, Marquiſe.

LA MARQUISE

Connoiſſeur.

LE CHEVALIER.

Je m'en pique, & cela m'eſt naturel, car perſonne n'a peut être jamais moins étudié, ni moins lû que moi.

L'AUTEUR.

Je vous crois.

BELISE.

Allons, Monſieur; liſez-nous votre petite bagatelle.

ACASTE.

Je l'ai déja entenduë: cela eſt aſſez drôle, aſſez drôle.

BELISE.

Comment l'intitulez-vous ?

L'AUTEUR.

l'Ecole des Bourgeois.   *Il tire ſa Piece.*

LA MARQUISE.

Pourquoi n'avoir pas choiſi un autre titre ?

L'AUTEUR.

C'eſt que celui-ci convenoit mieux à mon deſſein.

ACASTE.

Convenoit, convenoit! oh ! tant qu'il vous plaira.

LE CHEVALIER.

Comment diable; ce titre eſt fier, hardi.

L'AU-

L'AUTEUR.

Le titre ! ne fait rien à la piece.

PANCRACE.

Pardonnez-moi, Monfieur ; car il eft à craindre, comme le dit fort agréablement Horace , que ce ne foit la Montagne ......

L'AUTEUR.

Mais fi mon titre eft rempli?

ACASTE.

Quand il feroit rempli, il ne vaudroit rien.

BELISE.

Voyons la Piéce.

L'AUTEUR *lit.*

l'Ecole des Bourgeois, Comedie ......

LA MARQUISE.

En combien d'Actes?

L'AUTEUR.

En trois.

LE CHEVALIER.

Bon ! vous diriez qu'ils en font tous buttez-là. Hé ! têtebleu, mon ami, cinq Actes cinq Actes.

L'AUTEUR.

Mon fujet ne me l'a pas permis.

ACASTE.

Belle raifon! il falloit en prendre un autre.

BELISE.

Votre fujet ne vous l'a pas permis? Il n'eft que trop abondant.

ACASTE.

l'Ecole des Bourgeois? Il y a dans ce titre feul de quoi faire une piéce en trente Actes

LE CHEVALIER.

Un Poëme Epique.

LA MARQUISE.

Pour moi, j'y vois mille belles chofes à dire, une foule

le de Bourgeois, tous plus ridicules les uns que les autres.

PANCRACE.

Si toute la noble Compagnie m'en concede la licence, j'ajoûterai que je soûtiens qu'un Ouvrage Dramatique qui n'est pas en cinq Actes est un Monstre......

ACASTE.

Oüi, sans doute, un Monstre.

PANCRACE.

Dont on ne voit le semblable, ni chez les Grecs, Inventeurs de la Comedie, ni chez les Latins qui l'ont perfectionée. Toutes leurs Comédies sont partagées en cinq Actes: Aristote dans sa Poëtique en fait un Précepte.....

L'AUTEUR.

Laissez là votre Aristote.

LE CHEVALIER.

Hé quoi, hé quoi : tu es déja déferré pour ce que Monsieur Pancrace te dit? Lis, lis.

BELISE.

Votre Piéce est elle en vers?

L'AUTEUR.

Non, Mademoiselle.

LA MARQUISE *avec mépris.*

En prose?

L'AUTEUR.

Oüi, Madame.

ACASTE.

Il me semble que l'autre jour vous nous l'avez lûë en vers?

L'AUTEUR *s'impatientant.*

Hé oüi, Monsieur. C'est que je fais mes Ouvrages en vers, ensuite je les mets en prose.

PANCRACE.

Les Comédies des Anciens sont toutes en vers; c'est le langage des Dieux.

LE

LE CHEVALIER.

Oüi: mais comme ce ne font que des Bourgeois, qu'il fait parler, il faut que leur Dialogue foit populaire, dans le bas. Il n'a eu garde d'y manquer, la pefte!

LA MARQUISE.

Voyons-la toujours.

L'AUTEUR *lit.*

Prologue.....

LE CHEVALIER *riant.*

Un Prologue? Ah, ah, ah.....

LA MARQUISE & **BELISE** *bâillant.*

Un Prologue? Ah!

ACASTE.

Hé fi, Monfieur, avec votre Prologue; à quoi cela fert-il?

LA MARQUISE *aigrement.*

A impatienter l'Affemblée.

LE CHEVALIER.

Et à mandier fon indulgence. Tout ces Prologues fe réduifent à ceci : Parterre, je vais t'ennuyer, je vais t'affommer de balivernes; mais, je t'en fupplie ne laiffe pas de rire, & de m'applaudir; en revanche, je te promets le petit couplet à la fin.

PANCRACE.

Le Prologue n'eft pas ce que je trouve à redire, moi: Plaute & Térence en ont à la tête de toutes leurs Comedies.

BELISE.

Ah! puifque Plaute, & Terence en mettent....

LA MARQUISE.

Monfieur Pancrace, vous parlez fouvent de ce Plaute & de ce Térence?

PANCRACE.

Ce font deux Illuftres....

A 5

A C.

ACASTE.

Ma Coufine feroit ravie de les connoître, il faut les
amener dîner.

PANCRACE.

Monfieur veut rire.

L'AUTEUR *lit.*

Prologue.....

LE CHEVALIER.

Encore, Prologue? Hé la comedie, je t'en conjure.
Nous devinons ton Prologue. Il va venir un Marquis dire
du mal de ton Ecole des Bourgeois, & un Raifonneur de
tes amis la défendra. Tous les Prologues font montez fur
ce ton.

PANCRACE.

Les Anciens n'y mettoient qu'un Perfonnage.

BELISE.

Quelle eft votre intrigue?

LE CHEVALIER.

Je la fçais déja par cœur. Tiens, Acafte, tu l'as entenduë; je gage que c'eft le Bourgeois Gentil-homme re-
tourné.

ACASTE.

Oüi, juftement.

LA MARQUISE.

Ou les Bourgeoifes de qualité en lambeaux.

ACASTE.

Vous l'avez dit.

BELISE.

Cela eft ufé.

ACASTE.

Oüi, cela reffemble à tout.

BELISE.

Qui joüiez-vous dans votre Piece?

L'AUTEUR.

Des Ridicules, Mademoifelle.

LA

. LA MARQUISE.

Qui avez-vous en vûë. ?

L'AUTEUR.

Perſonne, Madame.

LE CHEVALIER.

Hé non, hé non, il ſe tuë de vous le dire, il ne joüe rien, il ne joüe rien.

BELISE.

Tant pis, Monſieur, tant pis.

PANCRACE.

Oüi ; il faut toujours qu'un Auteurs ait des Originaux en vüë.

L'AUTEUR.

Vous me feriez croire qu'une Piece ne pourroit vous plaire ſans malignité.

ACASTE.

Sans doute, Monſieur, ſans doute.

LA MARQUISE.

Qu'eſt-ce qu'une Comedie ſans ſatyre, ſans portraits, où on ne reconnoît perſonne, où on ne peut faire l'application d'aucun trait ?

BELISE.

Fi donc ! Cela fait bâiller.

LA MARQUISE.

Mais quand on peut dire, bon ! Voilà pour Madame une telle ; ceci eſt pour ſon Mari ; ce trait eſt pour ma Couſine la Preſidente, ce portrait eſt ma Sœur la Comteſſe.

BELISE.

Cela ſe fait écouter, cela intereſſe, cela fait rire.

ACASTE.

Oüi, & voilà comme un Auteur fait valoir ſon eſprit.

L'AUTEUR.

Et deshonore ſon cœur.

PANCRACE.

Ariſtophanes joüa dans une de ſes Comédies le Philoſophe Socrate.

LE

LE CHEVALIER.

Si jamais je fais de Comedies, tous mes amis y tien-
dront leur coin.

L'AUTEUR.

Il y aura du plaifir à en être. Je n'ai pas toujours été
fi bon; & je vais vous dire une fable de ma façon, où
j'ai mes originaux devant les yeux: il ne tiendra qu'à vous
de les reconnoître.

LA MARQUISE.

Ah! voyons. Cela vaudra peut être mieux que la Comedie; car, entre nous .....

ACASTE.

Je l'avois trouvée drôle; mais aujourd'hui je vois bien
qu'elle ne vaut rien.

BELISE.

Ecoutez fa Fable.

L'AUTEUR.

Le Singe Joüeur de Gobelets.

FABLE.

AU tems d'Efope, un Singe eut la manie.
  D'immortalifer fon nom.
Que faire pour cela? Le drôle aimoit la vie;
  Et comme il n'étoit pas Gafcon,
  Très-volontiers fe confeffoit poltron.
Que fait-il donc? Par affiche il convie
Quadrupedes, Oifeaux, bref toutes les Forêts,
  A le voir faire l'équilibre.
Serpenter le fauteüil, joüer des Gobelets.
  La Salle étoit commode & libre;
  Dans les Loges devoient briller

l'Ai-

l'Aimable, & tendre Philomele,
La charmante Serine, & Perruche la belle.
Sur le Théatre on verroit s'étaller,
      Et joüer de la prunelle,
   Sire Lion, Milord Rinoceros,
Le Seigneur Eléphant, & tel autre gros dos.
    Aux Renards, troupe connoiſſeuſe,
    Le Parterre fut aſſigné.
Une heure avant le rendez-vous donné,
Chez la Grüe, & ſa Sœur, engeance cûrieuſe,
    Notre Singe fut attiré.
    Deux Etourneaux étoient près d'elles,
Ainſi qu'un noir Hibou, commenſal des Donzelles.
De montrer de ſes tours, comme on l'eût conjuré,
    Il ſe mit en devoir d'en faive.
Mais dès qu'il eût tiré ſa Gibeciere,
Chacun la critiqua de la belle maniere.
    La Grüe en blâma la couleur;
    Sa Sœur s'en prit à la grandeur;
Le noir Hibou, jaloux de ſa nature,
En Hébreu, Grec, Latin, en fronda la ſtructure.
   Les Etourneaux, ſoi diſans beaux Eſprits,
Sur l'affiche, à l'envi d'abord ſe déchaînerent,
    Et la trouverent
    Conçûë en termes trop hardis.
Bref, ſans rien voir de plus, ce digne Aréopage
Conclut que tout ſon fait n'étoit que badinage.
De cet accuëil Meſſer Bertrand ſurpris,
    Leur dit, ſerrant ſa Gibeciére,
   (l'Auteur remet ſa Piece dâns ſa poche)
C'eſt aux Renards, qu'il m'importe de plaire.
Voilà l'heure à peu près qu'ils doivent s'aſſembler;
   Je n'oſerois compter ſur leur ſuffrage;
    Mais on n'ira pas me ſifler,
Avant que de mes tours on ait vû l'étalage.

Avec

Avec un ris mocqueur leur ayant dit cela;
Le Singe fait la Gambade, & s'en va.

l'Auteur sort.

SCENE III.

LE CHEVALIER, ACASTE, LA MARQUISE, BELISE, PANCRACE.

ACASTE.

MEsdames, je crois que vous êtes les Gruës de sa Fable, & nous, les Etourneaux.

PANCRACE.

Et moi, le Hibou.

BELISE.

L'Impertinent! Je n'irai point à sa Piéce, pour le punir.

LA MARQUISE.

Moy, j'irai; mais je ne l'écouterai point; je contrôlerai toutes les femmes des Loges, afin d'empêcher celles avec qui je serai, d'entendre la Comedie.

LE CHEVALIER.

Allons, Acaste, allons, au Parterre. Morbleu, Singe, mon ami, tu m'y entendras parmi les Renards.

Fin du Prologue.

L'E.

L'ÉCOLE DES BOURGEOIS,

COMEDIE.

ACTEURS,

Me. ABRAHAM.

BENJAMINE, Fille de Me. Abraham.

M. MATHIEU, Frere de Me. Abraham.

DAMIS, Coufin & Amant de Benjamine.

UN COMMISSAIRE, } Parens de Me.
UN NOTAIRE,   Abraham.

MARTON, Suivante de Benjamine.

PICARD, Laquais de Me. Abraham.

LE MARQUIS DE MONCADE.

UN COMMANDEUR, } Amis du Mar-
UN COMTE,   quis.

M. POT-DE-VIN, Intendant du Marquis.

UN COUREUR, du Marquis.

La Scène eſt à Paris chez Madame Abraham.

L'ECOLE
DES
BOURGEOIS,
COMEDIE

ACTE PREMIER.

SCENE PREMIERE.

MADAME ABRAHAM, BENJAMINE.

MADAME ABRAHAM.

Enfin, ma chere Benjamine, c'eſt donc ce ſoir
que tu vas être l'Epouſe de M. le Marquis de
Moncade. Il me tarde que cela ne ſoit déja;
& il me ſemble que ce moment n'arrivera
jamais.

BENJAMINE.

J'en ſuis plus impatiente que vous, ma Mere; car oütre

le

le plaisir de me voir femme d'un grand Seigneur, c'est que comme cette affaire s'est traitée depuis que Damis est à sa campagne, je serai ravie qu'à son retour il me trouve mariée pour m'épargner ses reproches.

Me. ABRAHAM.

Est-ce que tu songe encore à Damis?

BENJAMINE.

Non, ma Mere. Mais que voulez-vous? Il est Neveu de feu mon Pere; nous avons été élevez ensemble: je ne connoissois personne plus aimable que lui; j'ignorois même qu'il en fût; je lui trouvois de l'esprit, du mérite; il étoit amusant, tendre, complaisant, il m'aime, je l'aimai aussi.

Me. ABRAHAM.

Qu'il perd auprès de ce jeune Seigneur! Qu'il est défait! Qu'il est petit! Qu'il est mince! Son mérite paroît ridicule, sa tendresse maussade. C'est un petit homme de Palais, la tête pleine de Livres, attaché à ses Procez, un Bourgeois tout uni, sans manieres, ennuyeux, doucereux à donner des vapeurs.

BENJAMINE.

Vive le Marquis de Moncade! Le beau point de vûë! Que de légereté! Quelle vivacité! Quel enjouëment! Quelle noblesse! Quelle graces sur le tout!

Me. ABRAHAM

Les Bourgeoises qui ne sont pas connoisseuses en bons airs, appellent cela étourderies, indiscrétions, impolitesses; mais cela est charmant; les femmes de qualité en sentent tout le prix; & ce sont elles qui les ont mis sur ce pied là.

BENJAMINE

Que j'ai de graces à rendre à la mauvaise fortune de Monsieur le Marquis!

Me. ABRAHAM.

A sa mauvaise fortune, dis tu?

BENJAMINE.

Du moins, ma Mere, est-ce au dérangement de ses af-
fai-

faires que je le dois, & sans les cent mille francs qu'il vous devoit, je ne l'aurois jamais connu. Qu'est-ce Marton ? C'est lui, apparemment ?

SCENE III.

MADAME ABRAHAM, BENJAMINE, MARTON.

MARTON.

MAdame, voilà M. Mathieu qui vient d'entrer.

BENJAMINE.

Mon Oncle !

Me. ABRAHAM.

L'incommode visite ! Comment lui déclarer votre mariage ? Cependant il n'y a plus à reculer.

BENJAMINE.

Vous craignez qu'il ne goûte pas cette alliance ?

Me. ABRAHAM.

Oüi, il a l'esprit si peuple ! J'avois crû qu'en épousant une fille de condition, comme il a fait, cela le décrasse-roit ; mais point du tout ; Je ne sçai où j'ai pêché un si sot frere. Voilà comme étoit feu votre pere.

MARTON.

Oh ! Mademoiselle n'en tient point.

BENJAMINE.

Si vous lui parliez du dédit que vous avez fait avec M. le Marquis ?

Me. ABRAHAM.

Non ; garde-t'en bien.

BENJAMINE.

Il ne donnera jamais son consentement.

Me.

Me. ABRAHAM.

On s'en passera. Ne faudroit-il point, parce qu'il plaît à M. Mathieu, que vous épousiez son Damis, que vous renonciez à être Marquise; à être l'Epouse d'un Seigneur, à figurer à la Cour? Vraiment, Monsieur Mathieu, je vous le conseille; venez un peu m'étourdir de vos raisonnemens; je vous attends.

MARTON.

Le voilà.

SCENE III.

Me. ABRAHAM, BENJAMINE, M. MATHIEU.

M. MATHIEU.

AH, ah, ah, ah.

Me. ABRAHAM.

Qu'a-t'il donc tant à rire?

Mr. MATHIEU.

Ma Sœur, ma Niece, que je vous régale d'une nouvelle qui court sur votre compte!

Me. ABRAHAM.

Sur le compte de Benjamine?

Me. MATHIEU.

Oüi, Madame Abraham, & sur le vôtre aussi. Elle va vous réjoüir, sur ma parole. On vient de me dire que... Oh! ma foi, cela est trop plaisant.

Me. ABRAHAM.

Achevez donc.

BENJAMINE.

Bas.

Sa gayeté me rassûre.

Mr.

Mr. MATHIEU.

On vient donc de me dire que vous mariez ce soir Benjamine à un jeune Seigneur de la Cour, a un Marquis.
Eſt-ce que cela ne vous fait pas plaiſir?

BENJAMINE.

Pardonnez-moi, mon Oncle, puiſque cela vous en fait.

à M. Abraham.

Il le prend mieux que nous ne penſions.

Me. ABRAHAM.

Et qu'avez-vous répondu?

Mr. MATHIEU.

Quoi! ma Sœur; ai-je dit? Oüi, votre Sœur, votre
propre Sœur, Madame Abraham. Bon, bon, quel peſte
de conte! Rien n'eſt plus plus vrai. Et non, je ne vous
crois point. Quelle apparence! La veuve, & la Sœur
d'un Banquier, & qui fait encore actuellement le commerce elle-même, donner ſa fille à un Marquis? Allons
donc, vous vous moquez. Mais vous neriez pas, vous autres.

Me. ABRAHAM.

Il n'y a que les impertinens qui en rient.

BENJAMINE.

Je n'y vois rien de riſible, mon Oncle.

Mr. MATHIEU.

Ma foi, vous avez raiſon de vous fâcher toutes les deux,
vous avez plus d'eſprit que moi; & j'ai eu tort de prendre
la choſe en riant; je ne penſois pas que c'étoit vous donner un ridicule.

Me. ABRAHAM.

Que voulez-vous dire, M. Mathieu, avec votre ridicule?

Mr MATHIEU.

Laiſſez, laiſſez-moi faire; je m'en vais retrouver ces
impertinens Nouvelliſtes, & leur laver la tête d'importance.

Me. ABRAHAM.

Qui vous prie de cela?

Mr. MATHIEU.

Il vont trouver à qui parler.   B 3   BEN.

BENJAMINE.

Il faut les méprifer.

Mr. MATHIEU.

Non, morbleu, non votre honneur m'eft trop cher.

Me. ABRAHAM.

Quel tort font ils à nôtre honneur?

Mr MATHIEU.

Quel tort, ma fœur, quel tort? Si ce bruit fe répand, que penfera de vous toute la Ville? On vous regardera par tout comme des folles.

Me. ABRAHAM.

Et nous voulons l'être. La Ville eft une fotte, & vous auffi, Monfieur mon Frere.

BENJAMINE.

Eft ce une folie, mon Oncle, que d'époufer un homme de qualité?

Mr. MATHIEU.

Comment donc? La chofe eft-elle vraie?

BENJAMINE.

Eh! mais, mon Oncle. . . . . .

Me. ABRAHAM.

Hé bien, oüi, elle eft vraie.

Mr. MATHIEU.

Ma Sœur!

Me. ABRAHAM.

Eh bien, mon frere! Il ne faut point tant ouvrir les yeux, & faire l'étonné. Qu'y a-t'il donc là dedans de fi étrange? Ma fille eft puiffamment riche; & depuis la mort de fon pere, j'ai encore augmenté confiderablement fon bien: je veux qu'elle s'en ferve, qu'il lui procure un Mari, qui lui donne un beau nom dans le monde, & à moi de la confideration, & jugez fi je choifis bien, c'eft Monfieur le Marquis de Moncade.

Mr MATHIEU.

Y fongez-vous? c'eft un Seigneur ruiné.

Me.

Me. ABRAHAM.

Nul ne fçait mieux que moi fes affaires, mon frere. J'ai des Billets à lui pour plus de cent mille francs C'eſt un préfent de nôce que je lui ferai, & demain il fera auſſi à fon aife qu'aucun autre de la Cour

Mr. MATHIEU.

Ft Benjamine; y fera-t'elle à fon aife! Vous allez facrifier à votre vanité le bonheur & le repos de fa vie.

Me. ABRAHAM.

Cela me plaît.

Mr. MATHIEU.

Qu'au moins mon exemple vous touche. Riche Banquier, par un fol entêtemeut de nobleſſe, j'époufai une fille qui n'avoit pour bien que fes Ayeux, quels chagrins, quels mépris ne m'a-t'elle pas fait eſſuyer, tant qu'elle a vêcu?

Me. ABRAHAM.

Vous les méritiez, apparemment?

Mr. MATHIEU.

Elle, & toute fa famille puifoient à pleines mains dans ma caiſſe; & elle ne croyoit pasque je l'euſſe encore aſſez payée.

Me. ABRAHAM.

Elle avoit raifon vous ne fçavez pas ce que c'eſt que la qualité.

Mr. MATHIEU.

Je n'étois fon Mari qu'en peinture; elle craignoit de déroger avec moi; en un mot, j'étois le George Dandin de la Comedie.

Me. ABRAHAM.

Elle en ufoit encore trop bien avec vous.

Mr. MATHIEU.

N'expofez point ma Niéce à endurer des mépris.

Me. ABRAHAM.

Des mépris à ma fille, des mepris! Ma fille eſt elle faite pour être méprifée? Monfieur Mathieu, en vérité, vous êtes

bien

bien piquant, bien infultant, pour me dire ces pauvretez en face; il n'y a que vous qui parliez commes cela ; & fur quoi donc jugez-vous qu'elle mérite des mépris? Qu'a-t'elle, s'il vous plaît, qui ne foit aimable? Voilà un vifage fort laid, fort defagréable! Je ne fçais, fi vous n'étiez pas mon frere, ce que je ne vous ferois point dans la colere où vous me mettez.

BENJAMINE.

Mon Oncle, quand Monfieur le Marquis ne feroit pas un galant homme, comme il eft, je me flatterois par ma complaifance de gagner fon affection.

Mr. MATHIEU.

Quoi! vous auffi, ma Niéce? Pouvez-vous oublier ainfi Damis?

Me. ABRAHAM.

Laiffez-là votre Damis. Qu'allez-vous lui chanter? Qu'il étoit Neveu de feu fon Pere? Elle le fçait bien. Qu'il la lui avoit promife en mariage? J'en conviens. Que c'eft un Confeiller, aimable de fa figure, plein d'efprit? Tout ce qu'il vous plaira. Qu'il n'eft point comme les autres jeunes Magiftrats, dont le Cabinet eft dans les Affemblées & dans les Bals? Tant mieux pour lui. Qu'il aime fon métier? Qu'il y eft attaché? Qu'il cherche à le remplir avec honneur & confcience? Il ne fait que fon devoir.

Mr. MATHIEU.

Ajoûtez à cela que j'ai promis d'affûrer mon bien à Benjamine, & que fi elle n'eft pas à Damis, mon bien ne fera pas à elle.

Me. ABRAHAM.

Hé! gardez-le, Monfieur Mathieu, gardez-le: elle eft affez riche par elle-même; & ce feroit trop l'acheter, que d'écouter vos fots raifonnemens.

Mr. MATHIEU.

Je le garderai auffi, Madame Abraham. Adieu, adieu. Et quand je reviendrai vous voir, il fera beau.

Me.

Me. ABRAHAM.

Adieu, Monſieur Mathieu, adieu.

SCENE IV.

Me. ABRAHAM, BENJAMINE.

BENJAMINE.

VOilà mon Oncle bien en colere contre nous.

Me. ABRAHAM.

Permis à lui.

BENJAMINE.

Vous auriez pû, ce me ſemble, lui annoncer la choſe un peu plus doucement ; peut être y auroit-il donné ſon agrement.

Me. ABRAHAM.

Et que m'importe ?

BENJAMINE.

Je ſuis au deſeſpoir de me voir broüillée avec lui.

Me. ABRAHAM.

Bon ! Bon ! Ah ! Qu'il ſe défâchera bientôt : Il t'aime. Je ne ſuis pas trop fâchée, moi, qu'il nous boude un peu, cela l'éloignera d'ici pour quelques jours ; & je n'aurois pas été fort contente qu'on l'eût vû figurer ici ce ſoir en qualité d'Oncle parmi les Seigneurs qui viendront ſans doute à tes Noces. C'eſt un aſſez méchant plat que ſa perſonne. Dieu merci, nous en voilà défaits. Je veux auſſi éloigner tous nos Parens. Ce ſont gens qu'il ne faut plus voir deſormais.

SCENE V.

Me. ABRAHAM, BENJAMINE, MARTON.

MARTON.

Miſericorde! Pour moi, je crois que tout l'Enfer eſt déchaîné aujourd'hui contre votre mariage. Voilà Damis qui vient par la porte du jardin.

BENJAMINE.

Damis! quoi? Il eſt de retour?

MARTON.

Apparemment.

Me. ABRAHAM.

Va-t'en lui dire qu'il n'y a perſonne. Mais, non, non, reviens; il vaut mieux. . . .

MARTON.

Hâtez-vous de réſoudre, il approche.

Me. ABRAHAM.

Eh, faut-il tant de façon? Il faut le congedier.

BENJAMINE.

Pour moi, je me retire, je ne ſçaurois ſoûtenir ſa vûë

Me. ABRAHAM.

Marton nous en défera, *à Marton.* Charge t'en.

MARTON.

Très-volontiers: vous n'avez qu'à dire,

Me. ABRAHAM.

Il faut que tu lui donnes ſon congé, mais cela d'un ton qu'il n'y revienne plus.

MARTON.

Oh! Laiſſez-moi faire. Je ſçai comment m'y prendre; c'eſt une partie de plaiſir pour moi.

BEN-

BENJAMINE.

Marton, ne le maltraite point. Renvoye-le le plus doucement que tu pourras. Il me fait pitité.

MARTON.

Rentrez, rentrez.

SCENE VI.

MARTON *seule.*

DE la pitié pour un homme de robe! la pauvre elpéce de fille! je crois, le Ciel me pardonne: qu'elle l'aime encore? Mais j'y vais mettre ordre. Oh! ma foi, il tombe en bonne main. Le voilà.

SCENE VII.

DAMIS, MARTON.

DAMIS.

BON jour, Marton.

MARTON.

Bon jour, Monfieur.

DAMIS.

Comment fe porte ma chere Benjamine, & Madame Abraham ma Tante?

MARTON.

Bien.

DAMIS.

Elles vont être bien joyeufes de me voir de retour?

MAR-

MARTON.

Oüi.

DAMIS.

L'impatience de les revoir m'a fait laisser à ma Terre mille affaires imparfaites.

MARTON.

Il falloit y rester pour les terminer. Elles en auroient été charmées; &, en votre place, j'y retournerois sans les voir.

DAMIS.

Va folle, va m'annoncer; je brûle de les embrasser.

MARTON.

Elles n'y sont pas, Monsieur.

DAMIS.

On m'a dit là-bas qu'elles y étoient.

MARTON.

Eh bien, on m'a défendu de faire entrer personne; çela revient au même.

DAMIS.

Va, va toujours. Cette défense à coup sûr, n'est pas pour moi.

MARTON.

Pardonnez-moi, Monsieur, elle est pour vous plus que pour personne, pour vous seul.

DAMIS.

Que veux-tu dire? Explique-toi.

MARTON.

Comment, vous n'y êtes pas encore? Vous avez la conception bien dure, cela est clair comme le jour. Je vois bien qu'il vous faut donner votre congé tout crûment. C'est votre faute, au moins. Je voulois vous envelopper cette malhonnêteté dans un compliment; mais vous ne voyez rien, si vous ne le touchez au doigt. Ma Maîtresse donc m'a chargé de vous prier de sa part de ne plus l'aimer, de ne plus la voir, de ne plus venir ici, de ne plus penser à
　　　　　　　　　　　　　　　　　　　　　　　　elle;

elle; bien entendu que de son côté elle vous en promet autant.

DAMIS.

Ah Ciel! Benjamine cefferoit de m'aimer?

MARTON.

La grande merveille?

DAMIS.

Quel crime, quel malheur peut m'attirer aujourd'hui fa haine? Dequoi fuis-je coupable à fon égard? Que lui ai-je fait?

MARTON.

Hé non, Mr. Damis, elle ne fe plaint point de vous. Mais mettez-vous à fa place. Figurez-vous qu'elle vous aime à la rage. Vous ne lui avez dit jufqu'ici que des douceurs bourgeoifes, qui courent les ruës, que chaque fille fçait par cœur en naiffant. Il lui vient un jeune Seigneur, un Marquis de la haute volée, il ne pouffe point de fleurettes, point de foupirs, il ne parle point d'amour, ou s'il en parle, c'eft fans fembler le vouloir faire, par diftraction; mais il étale une figure charmante, il apporte avec foi des airs aifez, diffipez, libertins, raviffans; il chante, il parle en même tems, & de mille chofes differentes à la fois; tout ce qu'il dit n'eft le plus fouvent que des riens, que des bagatelles que tout le monde peut dire, mais dans fa bouche ces riens plaifent, ces bagatelles enchantent, ce font des nouveautez, elles en ont les graces; il parle d'époufer, il parle de la Cour, de nous y faire briller. . . . Hem? Vous ne dites rien? Vous voyez bien qu'il n'y a point de femme affez fotte pour fe piquer de conftance en pareil cas.

DAMIS.

Quoi, elle va époufer un homme de Cour?

MARTON.

Oüi, s'il vous plaît, Monfieur le Marquis de Moncade; & à fon éxemple, moi, je renonce à votre Champagne, vous devez l'en affûrer; & je vais donner dans l'Ecuyer.

D A-

DAMIS.

Monſieur le Marquis de Moncade ? Marton, je n'ai donc plus d'eſperance ?

MARTON.

Bon ! Il y a un dédit de fait ; & c'eſt ce ſoir qu'ils s'épouſent. Auſſi, il falloit que vous allaſſiez à votre Campagne ! Et mort de ma vie, à quoi vous ſert donc d'avoir tant étudié, ſi vous ne ſçavez pas qu'il ne faut jamais donner à une femme le têms de la reflexion ?

DAMIS.

Benjamine infidele ! Je veux lui parler.

MARTON.

Cela eſt inutile, Monſieur.

DAMIS.

Je veux voir comment elle ſoutiendra ma preſence.

MARTON.

Vous n'entrerez pas.

DAMIS.

Que je lui diſe un mot.

MARTON.

Point. Que ces gens de robe ſont tenaces !

SCENE VIII.

LE MARQUIS DE MONCADE, DAMIS, MARTON.

DAMIS.

MA chere Marton !

MARTON.

Toutes ces douceurs ſont inutiles.

DAMIS.

Toi, qui es ordinairement ſi bonne !

MARTON.

Je ne veux plus l'être.

DA.

DAMIS.

Veux-tu me voir à tes genoux?

MARTON.

Hé! Levez-vous, Monſieur.

DAMIS.

Non, je vais mourir à tes pieds, ſi tu es aſſez cruelle, aſſez dure, pour me refuſer la faveur.

LE MARQUIS. *ſans être vû, à part.*

Les faveurs!

MARTON.

Que voulez-vous, Monſieur?

DAMIS.

Tiens, ma chere Marton, voilà ma bourſe.

LE MARQUIS.

Oh, oh, diable, diable, il offre ſa bourſe? Il eſt, ma foi, tems que je vienne au ſecours de la pauvre enfant. *il va ſe mettre entre Damis, & Marton.*

DAMIS.

Prens-la, de grace.

MARTON, *regardant la bourſe.*

Il m'attendrit.   Monſieur le Marquis!

LE MARQUIS.

Courage, Monſieur, courage; mais, ma foi, vous ne vous y prenez pas mal.

DAMIS, *s'en allant.*

Que je ſuis malheureux!

LE MARQUIS, *l'arrêtant.*

Hé non, hé non, que je ne vous faſſe pas fuïr. Revenez donc, Monſieur, revenez donc. Je veux vous ſervir auprès de Marton; je ſuis fâché qu'elle vous refuſe.

DAMIS.

Ah! Monſieur, laiſſez-moi me retirer.

LE MARQUIS.

Allez, je vais la gronder d'importance des tourmens qu'elle vous fait ſouffrir.

SCE.

SCENE IX.

LE MARQUIS DE MONCADE, MARTON.

LE MARQUIS.

COmment, comment, Marton, tu rebutes ce jeune homme, tu le défespere, tu le confumes? Mais, vraiment, tu as tort, il eft affez aimable. Tu te piques de cruauté? Et fi, mon enfant, & fi, cela eft vilain. C'eft la vertu des petites gens.

MARTON.

Mais, Monfieur le Marquis....

LE MARQUIS.

Oh! Quand tu verras le grand monde, tu apprendras à penfer, cela te formera.

MARTON.

Avec votre permiffion.....

LE MARQUIS.

Toi, cruelle, Marton cruelle, avec ces yeux brillans, ce nez fin, cette mine friponne, ce regard atrayant? Je n'aurois jamais cru cela de toi. A qui fe fier deformais? Tout le monde y feroit trompé comme moi. Toi, cruelle?

MARTON.

Hé non, Monfieur le Marquis. . . .

LE MARQUIS.

Eh! Tu ne l'es pas? Tant mieux, mon enfant, tant mieux. Je te rends mon eftime, ma confiance; cela te rérablit dans mon efprit. Mais, dis moi, qu'eft-ce que ce jeune Soupirant? N'eft-ce pas quelque petit Avocat?

MARTON.

Non, Monfieur le Marquis, c'eft un Confeiller.

LE

LE MARQUIS.

Un Confeiller ? La pefte, Marton, un Confeiller ? Mais, ventrebleu, tu choifis bien, tu as du goût, tu reffembles à ta Maîtreffe, tu cherches à t'élever, tu ne donnes pas dans le bas, je t'en felicite.

MARTON.

Monfieur le Marquis, vous me faites trop d'honneur. Ce jeune homme eft Damis, Coufin de ma Maîtreffe, & ci-devant fon Amant, à qui je viens donner fon congé.

LE MARQUIS.

Damis dis-tu ? C'eft Damis qui fort ? C'eft à Damis que je viens de parler ? Ah ! Morbleu, je fuis au defefpoir. Pourquoi diable ne me l'as-tu pas dit ? Je lui aurois fait mon compliment de condoleauce. Mais, friponne, tu en fçais long, tu cherches à rompre les chiens; non, non, tu n'y réüffiras, pas, je ne prens point le change, je l'ai vû à tes genoux, j'ai entendu qu'il te demandoit des faveurs, tu étois interdite, & j'ai furpris un de tes regards qui promettoit. . . . .

MARTON.

Toute la faveur qu'il vouloit de moi, étoit de l'introduire après de ma Maîtreffe.

LE MARQUIS.

Et que ne me le difois-tu ? Je l'aurois introduit moi-même. C'eft un plaifir que j'aurois été ravi de lui faire. Tu ne me connois pas. J'aime à rendre fervice. Benjamine l'a donc aimé autrefois ?

MARTON.

Oüi, Monfieur, ils ont été élevez enfemble; on le lui promettoit pour Mari. Le moyen de ne pas aimer un homme, dont on doit être la femme ?

LE MARQUIS.

Oüi, tu dis bien : le moyen de s'en empêcher; il eft vrai; cela eft fort difficile.

C

MAR-

MARTON.

Mais ma Maîtresse ne l'aime plus, & je viens de lui signifier de sa part de ne plus venir ici.

LE MARQUIS.

Mais, mais cela est dur à elle, cela est inhumain: Renvoyer, congedier ainsi un Soupirant pour moi, un jeune homme qu'on aimoit, un Mari promis? Oh!... Et lui, comment a-t-il pris cela? Comment a-t-il reçû ce compliment?

MARTON.

Avec défespoir.

LE MARQUIS.

En effet cela est desesperant. Je compatis à sa peine. Mais tu devois bien lui dire pour le consoler, que c'étoit moi, un Seigneur. Monsieur le Marquis de Moncade, qui lui enlevoit sa Maitresse. Cela lui auroit fait entendre raison, sur ma parole.

MARTON.

Bon! La raison est bien faite pour ceux qui aiment.

LE MARQUIS.

A propos, où est donc tout le monde? D'où vient que je ne vois personne? Ni Mere, ni Fille? Ne sont elles pas ici? Benjamine est-elle encore conchée? Va l'éveiller.

MARTON.

Elle s'est levée dès le matin. Est-ce qu'une fille peut dormir la veille de ses nôces? Elle est toujours sur les épines.

LE MARQUIS.

Oüi, je conçois que son imagination a à travailler.

MARTON.

Voilà déja Madame Abraham.

SCENE X.

Me. ABRAHAM, LE MARQUIS, MARTON.

Me ABRAHAM.

HE', Monfieur le Marquis, quoi, vous êtes ici?

LE MARQUIS.

Vous voyez; depuis une heure.

Me. ABRAHAM.

D'où vient donc que mes gens ne m'avertiffent pas? Voilà d'étranges coquins.

LE MARQUIS.

Et je commençois à jurer furieufement contre vous, & contre votre fille.

Me. ABRAHAM.

Je vous prie de m'excufer.

LE MARQUIS.

Je vous excufe.

Me ABRAHAM.

Marton; va auprès de ma fille; qu'elle vienne au plus vîte ici.

SCENE IX.

Me. ABRAHAM, LE MARQUIS.

LE MARQUIS.

COmment, diable, Madame Abraham, comment diable! Je n'y prenois pas garde. Quel ajuftement! Quelle parure! Quel air de conquête! Que la pefte m'étouffe fi vous n'avez encore des retours de jeuneffe; oüi, & on ne vous donneroit jamais l'âge que vous avez.

Me.

Me. ABRAHAM.

Vous êtes bien obligeant, Monsieur le Marquis.

LE MARQIUS.

Non, je le dis comme je le pense. Quel âge avez-vous bien, Madame Abraham? Mais ne me mentez pas, je suis connoisseur.

Me. ABRAHAM.

Monsieur le Marquis, je compte encore par trente. J'ai trente-neuf ans.

LE MARQUIS.

Ah! Madame Abraham, cela vous plaît à dire. Trente-neuf ans! Avec un esprit si mur, si consommé, si sage, cette élevation de sentimens, ce goût noble, ce visage prudent? Vous me trompez assûrement. Vous avez trop de mérite, trop d'acquis, pour n'avoir que trente-neuf ans. Oh! Ma foi, vous pouvez vous donner hardiment la cinquantaine, & sans crainte d'être démentie.

Me. ABRAHAM.

On s'en fâcheroit d'un autre; mais il donne à tout ce qu'il dit une tournure si polie. . . . Monsieur le Marquis, le Notaire a-t'il passé à votre Hôtel pour vous faire signer le Contrat?

LE MARQUIS *galamment.*

Non, pas encore. Nous signerons ce soir.

Me. ABRAHAM.

J'aurois été charmée que vous y eussiez vû les avantages que je vous fais.

LE MARQUIS.

Hé, Madame Abraham, parlons de choses qui nous réjoüissent; toutes ces formalitez m'assomment. Ne vous l'ai-je pas dit? Je me repose sur vous de tous mes interêts.

Me. ABRAHAM.

Ils ne sont pas en de méchantes mains, je vous assure.

LE MARQUIS.

Hé, je le sçai.

Me.

Me. ABRAHAM.

Je m'y démets entierement à vous de tous mes biens.

LE MARQUIS.

Hé, Madame Abraham, laiſſons tout cela, je vous prie. Vous verrez tantôt avec Pot de-Vin mon Intendant: il doit venir, vous vous arrangerez avec lui.

Me. ABRAHAM.

Et voila en avance une bourſe de mille loüis, pour faire les faux frais de vos nôces.

LE MARQUIS, *prenant la bourſe gracieuſement.*

Eh bien, Madame, donnez donc. Etes-vous contente? En verité, vous faites de moi tout ce que vous voulez. Je me donne au diable, il faut que j'aye bien de la complaiſance.

Me. ABRAHAM.

Il eſt vrai, mais. . . .

LE MARQUIS.

Encore, Madame, encore? Vous me perſecutez. On diroit que je n'époufe votre fille que pour votre argent. Vous m'ôtez le merite d'une tendreſſe deſintereſſeé La, Madame Abraham voilà qui eſt fini; parlons de votre fille. Hem? Ne la verrons-nous point? La voilà, peut être? Non, c'eſt un de vos gens.

SCENE XII.

Me. ABRAHAM, LE MARQUIS, UN LAQUAIS.

LE LAQUAIS.

Madame, on vous demande.

Me. ABRAHAM.

Qu'eſt-ce?

LE

LE LAQUAIS.

Monfieur le Commandeur de. . . .

Me. ABRAHAM.

Qu'il attende.

LE MARQUIS.

Qu'il attende? Ah, Madame Abraham , ce'a eft impoli. Un homme de condition? Un Commandeur?

Me. ABRAHAM.

C'eft un Emprunteur d'argent; & je veux quitter le commerce.

LE MARQUIS.

Non pas, non pas. Gardez-le toujours. Cela vous defennuyera; & j'aurai quelquefois le plaifir de vous aller vifiter dans votre Caiffe. Allez, allez faire affaire avec le Commandeur.

Me. ABRAHAM.

Vous laifferai je feul vous ennuyer?

LE MARQUIS.

Non, non, je ne m'ennuyerai point.

Me. ABRAHAM.

C'eft pour un inftant; & j'entens ma fille.

SCENE XIII.

LE MARQUIS, *feul.*

LEs fottes gens, Marquis, que cette famille! Il y auroit, ma foi, pour en mourir de rire; mais il y a déja huit jours que cette Comedie dure, & c'eft trop: heureufement elle finira ce foir: fans cela, je defefpererois d'y pouvoir tenir plus longtems, & je les envoyerois au diable, eux, & leur argent. Un homme comme moi l'acheteroit trop.

SCE-

SCENE XIV.

LE MARQUIS, BENJAMINE.

LE MARQUIS *tendremeut.*

HE'! Venez donc, Mademoiſelle; venez donc. Quoi, me laiſſer ſeul ici, m'abandonner, faire attendre le Marquis de Moncade! Cela eſt-il bien? Cela eſt il joli? Je vous le demande.

BENJAMINE.

Monſieur le Marquis, je ſuis excuſable. J'étois à m'ac-
comoder pour paroître devant vous; mais comme je ſçavois que vous étiez ici, plus je me dépêchois, moins j'avan-
çois, tout alloit de travers. Je croyois que je n'en vien-
drois jamais à bout. Cela me deſeſperoit.

LE MARQUIS, *gracieuſement.*

C'étoit donc pour moi que vous vous arrangiez, que vous vous pariez? Je ſuis touché de cette attention. Vous êtes belle comme un Ange. Je ſuis charmé de ce que je fais pour vous.

BENJAMINE.

Oüi, Monſieur le Marquis; je ferai mon bonheur le plus doux de vous voir tous les momens de ma vie.

LE MARQUIS.

Hé! Mademoiſelle, vous avez un air de qualité, dé-
faites-vous donc de ces diſcours & de ces ſentimens bourgeois.

BENJAMINE.

Qu'ont-ils donc d'étrange?

LE MARQUIS.

Comment ce qu'ils ont d'étrange? Mais ne voyez-vous

pas qu'on n'agit point ainsi à la Cour? Les femmes y pen-
sent tout differemment; & loin de s'ensevelir dans un Mari, c'est celui de tous les hommes qu'elles voyent le moins.

BENJAMINE.

Comment pouvoir se passer de la vûë d'un Mari qu'on
aime?

LE MARQUIS.

D'un Mari qu'on aime? Mais cela est fort bien; continuez, courage. Un Mari qu'on aime? Cela jure dans le
grand monde. On ne sçait ce que c'est. Gardez-vous bien
de parler ainsi, cela vous décrieroit, on se moqueroit de
vous. Voilà, diroit on, le Marquis de Moncade; où est
donc sa petite Epouse? Elle ne le perd pas de vûë, elle ne
parle que de lui, elle en est folle. Quelle petitesse! Quel
travers!

BENJAMINE.

Est ce qu'il y a du mal à aimer son Mari?

LE MARQUIS.

Du moins; il y a du ridicule. A la Cour, un homme
se marie pour avoir des Héritiers; une Femme pour avoir
un nom: & c'est tout ce qu'elle a de commun avec son
Mari.

BENJAMINE.

Se prendre sans s'aimer! Le moyen de pouvoir bien vivre ensemble?

LE MARQUIS.

On y vit le mieux du monde. On n'y est ni jaloux, ni
inconstant. Un Mari, par exemple, rencontre-t'il l'Amant
de sa Femme, Eh! Mon cher Comte, où diable te foures-
tu donc? Je viens de chez toi; il y a un siecle que je te
cherche. Va au logis, va, on t'y attend; Madame est de
mauvaise humeur: il n'y a que toi, fripon, qui sçache la
remettre en joye Un autre, comment se porte ma femme, Chevalier? Où l'as-tu laissée? Comment êtes-vous
ensemble? Le mieux du monde. Je m'en réjoüis. Elle est

aima-

aimable, au moins; & le diable m'emporte, fi je n'étois pas fon mari, je crois qne je l'aimerois. D'où vient que tu n'es pas avec elle? Ah! Vous êtes broüillez, je gage? Mais je vais lui envoyer demander à fouper pour ce foir, tu y viendras, & je te veux raccommoder.

BENJAMINE.

Je vous avouë que tout ce que vous me dites, me paroît bien extraordinaire.

LE MARQUIS.

Je le crois, franchement. La Cour eft un monde bien nouveau pour qui n'a jamais forti du Marais. Les manieres de fe mettre, de marcher, de parler, d'agir, de penfer, tout cela paroît étranger, on y tombe des nuës, on ne fçait qu'elle contenance tenir. Pour nous, nous y a allons de plein pied; c'eft que nous fommes les Naturels du Pays. Allez, allez, quand vous en aurez pris l'air, vous vous y accoutumerez bientôt; il n'eft pas mauvais. Mais, *lui prenant là main*, allons faire un tour de Jardin: je vous y donnerai encore quelques leçons, afin que vous n'entriez pas toute neuve dans ce Pays.

Fin du premier Acte

ACTE II.

SCENE PREMIERE.

MARTON, M. POT-DE-VIN.

MARTON.

MOnsieur Pot-de-vin, je viens de vous annoncer à Monsieur le Marquis de Moncade, &
il va venir.

POT-DE-VIN.

Je vous suis bien obligé, Mademoiselle
Marton.

MARTON.

Monsieur Pot-de-Vin, vous le connoissez donc, Monsieur le Marquis de Moncade ?

POT-DE-VIN.

Si je le connois ? Vrayment, je le crois, j'ai l'honneur
d'être son Intendant.

MARTON.

Son Intendant ? Quoi ? Vous ne l'êtes donc plus de ce
Président chez qui nous nous sommes vûs autrefois ?

POT-DE-VIN.

Fi donc ; Mademoiselle Marton, fi donc ! un homme de
robe ? est-ce une condition pour un Intendant ? Ce Préfi-
dent ne devoit pas un sol, il payoit tout comptant, tout
passoit par ses mains ; point de Mémoires, pas le moin-
dre

dre petit Procez: il n'y avoit pas de l'eau à boire pour moi dans cette Maison; je n'y faisois rien, je me roüillois, j'y perdois mon tems, & ma jeunesse; j'y enterrois le talent qu'il a plû au Ciel de me donner.

MARTON.

Chez Monsieur le Marquis, je crois que vous le faites bien valoir le talent?

POT-DE-VIN.

Oh! ma foi, parlez-moi d'un grand Seigneur pour avoir un Intendant. Quelle noblesse chez eux! Quelle generosité! Quelle grandeur d'ame! Dès qu'on veut ouvrir la bouche pour leur parler de leurs affaires, ils bâillent, ils s'endorment, ils regardent comme au dessous d'eux d'y penser seulement: C'est un tems qu'on vole à leurs plaisirs, on ne leur rend aucun compte, ils n'entrent dans aucuns details: & Monsieur le Marquis pousse ces belles manieres plus loin qu'aucun autre. Chez lui je taille, je rogne tout comme il me plaît; j'afferme ses Terres, je casse les Baux, je diminuë les loyers, je bâtis, je plante, je vends, j'achete, je plaide, sans qu'il se mêle de rien, sans qu'il le sçache.

MARTON.

Vous le ruineriez, je gage, sans qu'il s'en apperçût.

POT-DE-VIN.

Justement. Mais je suis honnête homme.

MARTON.

Bon! A qui le dites-vous? Est-ce que je ne vous connois pas?

POT-DE-VIN.

Ah! Que Madame Abraham a d'esprit! Que c'est une femme bien avisée, bien prudente! Elle fait là une bonne affaire, de donner sa fille à Monsieur le Marquis; & entre nous, Mademoiselle Marton, elle doit m'en avoir quelque obligation.

MARTON.

A vous, Monsieur Pot-de-Vin!

POT-

POT-DE-VIN.

Oüi, oüi, à moi, & si je disois un mot, quoy que la chose soit bien avancée, je la ferois manquer.

MARTON.

Comment donc!

POT DE-VIN.

Depuis que le bruit s'est répandu que Monsieur le Marquis épouse Mademoiselle Benjamine, dans toutes les ruës où je passe, je suis arrêté par un nombre infini de gros Financiers & d'Agioteurs. Eh! Monsieur Pot-de Vin, me disent-ils, mon cher Monsieur Pot-de-Vin, j'ai une fille unique, belle comme l'Amour, & des millions! ... Messieurs, il n'est plus tems, j'en suis fâché. Monsieur le Marquis a fait un dédit. Eh! Nous le payerons avec plaisir, nous l'acheterons tout ce qu'il vaudra, Monsieur Pot-de-Vin, voilà ma bourse; Monsieur Pot-de-vin, voilà mille Loüis, prenez, livrez nous sa main, qu'il épouse ma fille, vous le pouvez si vous le voulez; au moins parlez-lui de nos richesses.

MARTON.

C'est-à dire, qu'il ne se donne qu'au plus offrant & dernier encherisseur. Et vous les rebutez tous?

POT-DE-VIN.

Je vous en réponds, ils ne manquent pas de me dire; ah! Madame Abraham vous a mis dans ses interéts? Non, Messieurs, elle ne m'a encore rien donné. Cela n'est pas possible, Monsieur Pot-de-Vin, elle sent trop le prix du service que vous lui rendez, elle doit le payer au poids de l'or: je ne suis pas interessé, Messieurs; Mademoiselle Marton, ne manquez pas de faire valoir à Madame Abraham mon desinteressement.

MARTON.

Non, non, j'en aurai soin.

POT-DE-VIN.

Dites-lui bien que si Monsieur le Marquis sçavoit cela,

peut-

peut-être changeroit-il de visée; mais que je me garderai bien de lui en ouvrir la bouche.

MARTON.

Ah! Monsieur Pot de-Vin; Monsieur Pot-de-Vin, que vous êtes bien nommé.

POT-DE-VIN..

Ce Mariage ne vous fera pas de tort; votre compte s'y trouvera, Mademoiselle Marton. Monsieur le Marquis inspirera la génerosité à son Epouse. Vous verrez vos profits croître au centuple, & vous connoîtrez la difference qu'il y a de servir la femme d'un Seigneur, ou celle d'un Bourgeois.

MARTON.

Voici Monsieur le Marquis, je vous laisse avec lui.

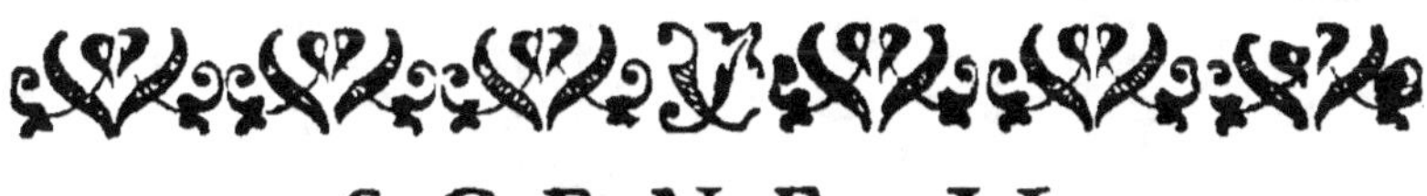

SCENE II.

LE MARQUIS, M. POT-DE-VIN.

LE MARQUIS.

EH bien, qu'est ce? Qu'y a-t'il de nouveau, Monsieur Pot-de-Vin! Quoi? Me venir relancer jusqu'ici? En vérité, vous êtes un terrible homme, un homme étrange, un homme éternel, une Ombre, une Furie attachée à mes pas! Ca, parlez donc, que voulez-vous? Qui vous amene?

POT-DE-VIN.

Monsieur le Marquis, c'est par votre ordre que je viens ici.

LE MARQUIS.

Par mon ordre? Ah, oui, à propos, vous avez raison, c'est moi qui vous l'ai ordonné, je n'y pensois pas, je

l'avois

l'avois oublié, j'ai tort. Monfieur Pot-de-Vin, c'eft ce foir que je me marie.

POT-DE-VIN.

Monfieur le Marquis, je le fçais.

LE MARQUIS.

Vous le fçavez donc? Et tout eft-il prêt pour la ceremonie? Mes équipages?

POT-DE-VIN.

Oüi, Monfieur le Marquis.

LE MARQUIS.

Mes Caroffes font-ils bien magnifiques?...

POT-DE-VIN.

Oüi, Monfieur le Marquis; mais le Caroffier...

LE MARQUIS.

Bien dorez?

POT-DE-VIN.

Oüi, Monfieur le Marquis; mais le Doreur...

LE MARQUIS.

Les Harnois bien brillans?...

POT-DE-VIN.

Oüi, Monfieur le Marquis, mais le Sellier...

LE MARQUIS.

Ma livrée bien riche, bien lefte, bien chamarrée?...

POT-DE-VIN.

Oüi, M. le Marquis; mais le Tailleur, le Marchand de Galon....

LE MARQUIS.

Le Tailleur, le Marchand de Galon, le Doreur, le Diable? qui font tous ces animaux là?

POT-DE-VIN,

Ce font ceux....

LE MARQUIS.

Je ne les connois point, & je n'ai que faire de tous ces gens-là. Voyez, voyez avec eux; & avec Madame Abraham,

POT-

POT-DE-VIN.

Mais, Monſieur le Marquis. . . .

LE MARQUIS.

Oüi, voyez avec eux. N'entendez-vous pas le Fran-
çois? Cela n'eſt-il pas clair? Arrangez-vous; ce ſont vos
affaires.

POT-DE-VIN.

Avec la permiſſion de Monſieur le Marquis. . . .

LE MARQUIS.

Avec ma permiſſion? M. Pot-de-Vin, vous êtes mon
Intendant, je vous ai pris pour faire mes affaires. N'eſt-il
pas vrai que ſi je voulois prendre la peine de m'en mêler
moi-même, vous me ſeriez inutile, & que je ferois fou
de vous payer de gros gages? Vous ſçavez que je ſuis le
meilleur Maître du monde, j'en paſſe par tout où il vous
plaît: je ſigne tout ce que vous voulez, & aveuglement,
je ne chicane ſur rien; du moins, uſez-en de même avec
moi; laiſſez-moi vivre, laiſſez-moi reſpirer.

POT-DE-VIN, *tirant un Papier*
de ſa poche.

Monſieur le Marquis, voici mon dernier Mémoire que
je vous prie d'arrêter.

LE MARQUIS.

Vous continuez de me perſecuter : arrêter un Mémoire
ici? Eſt-ce le tems, le lieu? Eh nous le verrons une autre fois.

POT-DE-VIN.

Il y a une ſemaine que vous me remettez de jour à autre. Je n'ai que deux mots.

LE MARQUIS.

Voyons donc; il faut me défaire de vous.

POT-DE-VIN.

Il lit.

Mémoire des frais, miſes, & avances faits pour le ſervice de Monſieur le Marquis de Moncade, par moi Pierre-
Roch

Roch Pot-de-Vin , Intendant de Mondit Sieur le Marquis. . . .

LE MARQUIS.

Eh! laiſſez là ce maudit préambule.

Il ſe jette dans un fauteuil.

POT-DE-VIN.

Premierement. . . .

Le Marquis ſifle , & Pot de Vin s'arrête.

LE MARQUIS.

Continuez, continuez, je vous écoute.

POT-DE-VIN

Pour un petit Dîner que j'ai donné au Procureur, à ſa
Maîtreſſe, à ſa Femme, & à ſon Clerc, pour les engager
à veiller aux affaires de Monſieur, le Marquis, cent ſept
livres.

LE MARQUIS, *ſe leve, & repete deux*
pas de Ballet.

POT-DE-VIN.

Item, pour avoir mené les ſuſdits à l'Opera, voiture, &
rafraîchiſſemens y compris , ſoixante huit livres onze ſols ſix
deniers.

LE MARQUIS, *chante.*

C'eſt trop languir pour l'inhumaine ,
C'eſt trop, c'eſt trop. . . .

POT-DE-VIN.

Pardonnez-moi, Monſieur le Marquis, ce n'eſt pas trop:
en honnête homme, j'y mets du mien.

LE MARQUIS *riant.*

Eh! Qui diable vous conteſte rien, M. Pot-de-Vin?
Je n'y ſonge ſeulement pas. Quoi? Voulez-vous encore
m'empêcher de chanter? C'eſt une autre affaire. Achevez vîte.

POT-DE-VIN.

Item, pour avoir été Parain du Fils de la Femme du
Commis du Sécretaire du Raporteur de Monſieur le Marquis, cent quinze livres. Item. . . .   LE

LE MARQUIS *lui arrachant*
son Mémoire.

Eh! Morbleu ; donnez. Item! Item! Quel chien de Jar-
gon me parlez-vous là ? Donnez ; j'ai tout entendu ; j'arrête votre Memoire. Votre plume. Voilà qui eſt fait. Do-
reſnavant, je ſerai contraint de vous faire une trentaine de
Blancs-ſignez , que vous remplirez de vós Comptes, afin
de n'avoir plus la tête rompuë de ces balivernes.

SCENE III.

LE MARQUIS, LE COMMANDEUR, M. POT-DE-VIN,

LE COMMANDEUR.

MOn cher Marquis!

LE MARQUIS, *courant à l'embraſſade.*

Ah, c'eſt toi, gros Commandeur ? Allez, allez, Mr.
Pot-de-Vin, ayez ſoin de tout ce que je vous ai ordonné, & revenez bientôt voir Madame Abraham.

SCENE IV.

LE MARQUIS, LE COMMANDEUR,

LE COMMANDEUR.

AH! Marquis, Marquis! Je t'y prends avec Mr. Pot-de-
Vin chez Madame Abraham ! Je te devine, mon
Cher, le fait eſt clair, tu viens emprunter. . . . .

LE MARQUIS.

Moi, emprunter? Fi donc, Commandeur, fi donc!
Pour toi, ta visite n'est point équivoque, je t'ai entendu
annoncer.

LE COMMANDEUR,

Je suis de meilleure foi que toi, Marquis. Il est vrai,
je viens de faire affaire avec elle. Ah, quelle femme!
Quelle femme!

LE MARQUIS.

Comment donc?...

LE COMMANDEUR.

J'aimerois mieux mille fois avoir traité avec feu son
Mari, tout Juif qu'il étoit. Elle m'a vendu de l'argent au
poids de l'or: c'est la femme la plus Arabe, la plus grande
friponne, la plus grande chienne. . . .

LE MARQUIS,

Doucement, Commandeur, doucement, menagez les
termes, ayez du respect, mon ami, n'injuriez point Madame Abraham devant moi.

LE COMMANDEUR.

Et quel interêt t'avises-tu d'y prendre? Je t'ai entendu
assez bien jurer contre elle; & cela il n'y a pas plus de huit
jours.

LE MARQUIS.

Oüi, j'en pensois comme toi; mais les choses ont bien
changé.

LE COMMANDEUR.

Je ne te comprens pas.

LE MARQUIS,

Elle va être ma Belle-mere.

LE COMMANDEUR.

Ta Belle-mere?

LE MARQUIS *riant.*

Oüi, mon cher Commandeur, j'épouse sa Fille; j'épouse sa Fille,

LE

LE COMMANDEUR.
Allons donc, Marquis, tu te moques, tu ès un badin.

LE MARQUIS.
Non, la peste m'étouffe.

LE COMMANDEUR.
Tu l'époufes? Là, là ferieufement?

LE MARQUIS.
Oüi, très-ferieufement.

LE COMMANDEUR.
Par ma foi, cela eft rifible. Ah, ah, ah.

LE MARQUIS.
N'eft-il pas vrai? Mais je fuis las de traîner ma qualité, je veux la foutenir, j'épouferois le diable, Madame Abraham même: elle achette l'honneur de porter mon nom deux cens mille livres de rente.

LE COMMANDEUR.
Ventrebleu, Marquis, c'eft affez bien le vendre & je ne te dis plus rien. Dieu fçait combien tu vas te réjoüir quand tu te feras un peu familiarifé avec les efpeces de l'Ufuriére. Ton Hôtel va devenir le rendez-vous de tous les plaifirs. Mais, dis-moi, Madame Abraham eft fine, ne s'en dédi-ra-t'elle point?

LE MARQUIS.
Bon, bon, je la tiens. Elle eft auffi folle de moi que fa Fille; & elles viennent de donner le congé à Damis, un petit Confeiller Neveu de feu Monfieur Abraham, que Benjamine aimoit ci-devant.

LE COMMANDEUR.
C'eft déjà quelque chofe.

LE MARQUIS.
Et elle avoit à moi pour plus de cent mille francs de Billets, elle m'a fait un dedit de la même fomme.

LE COMMANDEUR.
Fort bien; elle craignoit que tu ne lui échapaffes.

LE MARQUIS.
Juftement.   D 2   LE

LE COMMANDEUR.

Elle est prevoyante. A quand la nôce?

LE MARQUIS.

A ce soir.

LE COMMANDEUR.

Oh! Ma foi, je m'en pris; je t'amenerai compagnie, & je m'aprête a rire.

LE MARQUIS.

Venez, venez, venez tous; venez vous divertir aux depens de la noble parenté où j'entre: bernez-les, bernez-moi le premier, je le mérite. Madame Abraham, par vanité, veut éloigner ses Parens de la nôce.

LE COMMANDEUR.

Oh! Morbleu, qu'ils en soient, Marquis, où je n'y viens pas.

LE MARQUIS.

Va, tu seras content.

LE COMMANDEUR.

Ce sont, sans doute, des Originaux qui nous réjoüiront?

LE MARQUIS.

Oüi, oüi, des Originaux, tu l'as bien dit, tu les definis à ravir. Il semble que tu les connoisses déja, des Procureurs, des Notaires, des Commissaires!

LE COMMANDEUR.

Encore une Fête que je me promets, c'est quand ta petite Epouse paroîtra la premiere fois à la Cour: oh! Morbleu, qu'elle Comedie pour nos Femmes de qualité?

LE COMMANDEUR.

Elles verront une petite Personne embarassée, qui ne sçaura, ni entrer, ni sortir, ni parler, ni se taire, qui ne sçaura que faire de ses mains, de ses pieds, de ses yeux, & de toute sa figure. Oh! Elles te devront trop, Marquis, de leur procurer ce divertissement.

LE

LE MARQUIS.
Ne manque pas de leur annoncer ce plaisir.
LE COMMANDEUR.
Laisse-moi faire. Bien plus, je veux être son Ecuyer, son Introducteur, le jour qu'elle y fera son entrée. N'y consens tu pas?
LE MARQUIS.
Hé, mon cher, tu ès le maître. Mais je veux te la faire connoître. Bon, elle vient à propos.

SCENE V.

LE MARQUIS, LE COMMANDEUR, BENJAMINE.

LE MARQUIS.
APprochez, Mademoiselle, voilà Monsieur le Commandeur qui veut vous faire la réverence.
LE COMMANDEUR.
Comment, comment, Marquis, une grande Demoiselle, bien faite, bien aimable, bien sage, bien raisonnable? Ah! Vous êtes un fripon, vous me triompiez, mon cher, vous ne m'aviez pas dit cela.
BENJAMINE.
Vous êtes bien honnéte, Monsieur le Commandeur.
LE MARQUIS.
Là, tout de bon, qu'en penses-tu? Regarde la bien, éxamine.
LE COMMANDEUR.
Foi de Courtisan, elle est adorable.
BENJAMINE, *a part.*
Que ces gens de Cour sont galans!
LE MARQUIS.
Tu trouves donc que je ne fais pas mal de l'épouser.

 LE

LE COMMANDEUR.

Comment, Marquis? Je t'en loue.

LE MARQUIS.

Et qu'elle peut figurer à la Cour?

LE COMMANDEUR.

Elle y brillera. C'étoit un crime, un meurtre, de laisser tant d'attraits dans la Ville. C'est une Pierre précieuse qui y auroit toujours été enterrée, & qu'on n'auroit jamais sçu mettre en œuvre. Oüi, oüi? Je vous en souhaite, Mrs. les Bourgeois, je vous en souhaite, des filles de cette tournure. Vrayment, c'est pour vous justement qu'elles sont faites, attendez-vous-y.

LE MARQUIS.

Mademoiselle, Monsieur le Commandeur s'est offert à vous introduire à la Cour, & vous êtes en bonne main. Il connoît bien le terrain.

BENJAMINE.

Je lui suis bien obligée.

LE COMMANDEUR.

Je suis sûr par avance du plaisir que vous ferez à nos Dames, & de la joye que votre venuë répandra. Mais j'aperçois Madame Abraham; son aspect m'effarouche: je cours chez moi donner quelques ordres.

LE MARQUIS,

A la nôce, ce soir.

LE COMMANDEUR.

Je m'y promets trop de divertissement pour y manquer.

SCENE VI.

LE MARQUIS, Me. ABRAHAM, BENJAMINE.

BENJAMINE

MA Mere, voilà Monſieur le Commandenr qui ſe ſau-ve en vous voyant paroître.

LE MARQUIS.

Oüi, il a une dent contre vous Madame Abraham, & vous lui avez vendu un peu trop cher l'argent que vous venez de lui préter.

Me. ABRAHAM.

Monſieur le Marquis eſt toûjours malin.

LE MARQUIS.

Eh! Morbleu, Madame, plumez-moi ces gros Fils de Financiers dont les Peres avares ne meurent jamais, de ces petits Bâtards de la Fortune qui s'érigent en Seigneurs, de ces faquins que nous ſouffrons avec nous, parce qu'ils payent; aidez-les à diſſiper en poſte les larcins de leurs Peres, avant qu'ils en ſoient maîtres, point de quartier pour ces gens-là, plumez-les, écorchez-les tout vifs, je vous les abandonne: mais piller des gens de condition! Des Commandeurs encore! Ah! ah! Madame Abraham, il y a de la conſcience.

Me. ABRAHAM.

La mienne ne me reproche rien là deſſus.

BENJAMINE.

Cela n'empêchera pas Monſieur le Commandeur de venir ce soir à nos nôces.

LE MARQUIS.

Non, & je vais écrire à quelques autres Seigneurs de mes

D 4

amis.

amis, pour les en prier. Et vous, Madame Abraham,
avez-vous de votre côté, fait avertir vos Parens, & ceux
de feu votre Mari?

Me. ABRAHAM.

Non, Monsieur le Marquis, je n'ai eu garde.

LE MARQUIS.

Vous n'avez eu garde? Et pour quoi cela?

BENJAMINE.

Ma Mere à raison, Monsieur le Marquis, il ne faut point
que ces gens-là y viennent.

Me. ABRAHAM.

Ce ne sont que de petits Bourgeois· Voilà de plaisans vi-
sages! Ils auroient bonne grace à se trouver avec tous vos
Seigneurs! C'est une honte que je veux vous épargner.

LE MARQUIS.

Non, Madame Abraham, non; vous me connoissez
mal; s'il vous plaît, qu'ils y viennent tous, ou il n'y a
rien de fait. Votre famille, quelle qu'elle soit, ne me
fait point deshonneur. Je vais annoncer vos Parens dans
mes Lettres à mes amis; & je suis sûr qu'ils seront ravis
de les voir ici. Mais, dites-moi, là, là, parlez-moi à
cœur ouvert; est ce que vous voudriez que je les allasse
prier moi-même? Volontiers, je le veux, si cela vous fait
plaisir, j'y cours, vous n'avez qu'à dire, me le faire
sentir.

BENJAMINE.

Ma Mere, empêchez donc Monsieur le Marquis d'y aller.

Me. ABRAHAM.

Hé! Monsieur le Marquis, vous me faites rougir de con-
fusion. Je serois au desespoir qu'ils vous coûtassent la moin-
dre démarche, ils n'en valent pas la peine, & puisque vous
voulez absolument qu'ils viennent, je les vas faire avertir.

LE MARQUIS.

Pour Monsieur votre Frere, j'en fais mon affaire. Je
veux aller moi-même le prier.

Me.

Me. ABRAHAM.

Ah *!* Monſieur le Marquis, n'y allez pas.

LE MARQUIS.

C'eſt une politeſſe que je lui dois, je veux m'en acquitter, & ſur le champ.

BENJAMINE.

Non, Monſieur le Marquis, je vous en prie, vous en
aurez peu de ſatisfaction.

LE MARQUIS.

Pourquoi *?* Eſt-ce qu'il n'approuve pas que j'entre dans
ſa famille?

BENJAMINE.

Eh *?* Mais. . . .

LE MARQUIS.

C'eſt-à-dire, non.

Me. ABRAHAM.

Il eſt coëffé de ſon Damis.

BENJAMINE.

C'eſt un homme ſi extraordinaire.

LE MARQUIS *gracieuſement.*

Hé! Tant mieux, ventrebleu, voilà les gens que j'aime à prier. Fût-ce un Tygre, un Ours, un Loup-ga-
rou, je veux l'amadoüer, le rendre traitable, doux comme un Mouton; il ne m'en coûtera pour cela qu'un mot,
qu'une réverence, qu'un regard, je n'aurai qu'à paroître.

BENJAMINE.

Je tremble qu'il ne vous reçoive impoliment.

LE MARQUIS.

Moi? Un homme de Cour? Cela ſeroit nouveau. Ah!
Ne craignez rien, je répons de lui. Vous en ſçaurez bientôt des nouvelles. Où loge-t'il? N'eſt-ce pas ici, vis-à-vis?

Me. ABRAHAM.

Oüi, Monſieur le Marquis.

LE MARQUIS.

J'y vole. Enſuite, j'irai écrire à mes amis; & je veux

auſſi vous écrire un mot, afin que vous voyez comment
un Seigneur s'exprime en amour. Damis vous a écrit quelquefois apparemment? Eh bien, vous comparerez nos
Billets. Adieu, adieu, je vais à M. Mathieu. Où allez-
vous donc Meſdames.

Me. ABRAHAM.

Nous vous reconduiſons.

LE MARQUIS.

Hé! Meſdames, laiſſez-moi ſortir. Je vous en conjure.
Point de ces cérémonies-là.

SCENE VII.

Me. ABRAHAM, BENJAMINE.

Me. ABRAHAM.

HE' bien; ma Fille, voilà pourtant cet homme de condition, qui, au dire de M. Mathieu devoit t'acca-
bler de mépris?

BENJAMINE.

Ha! Ma Mere, plus je le vois, & plus j'en ſuis en-
chantée.

Me. ABRAHAM.

Qu'il eût écarté de la nôce toute notre Parenté, dont la
vûë va lui reprocher qu'il ſe meſaillie: cela étoit dans l'ordre; nous le voulions nous-mêmes.

BENJAMINE.

Et tout le monde l'auroit fait, en notre place.

Me. ABRAHAM.

Mais lui, nous menacer de rompre ce mariage?

BENJAMINE.

Vouloir lui-même les aller prier?

Me.

Me. ABRAHAM.

Ma Fille, il faut les avertir. Qu'ils viennent, puisqu'il
le veut; mais la nôce faite, il y a mille occasions de rompre avec eux.

BENJAMINE.

Je tremble que mon Oncle ne lui faffe quelque malhonnêteté.

Me. ABRAHAM.

Effectivement c'eſt un homme ſi groſſier; mais Monſieur
le Marquis a de l'eſprit.

BENJAMINE.

S'il pouvoit arracher ſon conſentement ?

Me. ABRAHAM.

Je ne doute point qu'il n'en vienne à bout, s'il l'en-
treprend.

BENJAMINE.

Il eſt vrai que rien ne lui eſt impoſſible, & qu'il fait des
gens tout ce qu'il veut.

SCENE VIII.

Me. ABRAHAM, BENJAMINE, MARTON.

MARTON.

MAdame, M. Pot-de-Vin, l'Intendant de Monſieur
le Marquis de Moncade, eſt-là: lui dirai-je d'entrer?

Me. ABRAHAM.

Non: je vais avec lui dans mon cabinet, & écrire en
même tems à tous nos Parens.

SCENE IX.

BENJAMINE, MARTON.

MARTON.

Madame votre Mere dit qu'elle va écrire à tous vos Parens, & pourquoi cela?

BENJAMINE.

Pour les prier de mes nôces.

MARTON.

Misericorde! Est-elle folle? Que voulez-vous faire de ces nigauds-là? Je m'en vais l'en empêcher.

BENJAMINE.

Hé! Marton, Monsieur le Marquis le veut, il s'en est expliqué.

MARTON.

Il falloit lui dire que c'étoit des pié plats, des animaux lugubres.

BENJAMINE.

Nous le lui avons dit.

MARTON.

Oh! Par ma foi, c'est donc qu'il veut se donner la Comedie.

BENJAMINE.

Je t'avouërai, que dans le fond de l'ame je suis charmée de les avoir pour témoins de mon bonheur, & sur tout mes Cousines. Quelle mortification pour elles, quel creve-cœur de me voir devenir grand'Dame, de m'entendre appeller Madame la Marquise! Oh! J'en suis sûre, elles ne pourront jamais soûtenir mon triomphe. Qu'en dis tu, Marton?

MAR-

MARTON.

Affûrement; elles en créveront de dépit.

BENJAMINE.

Je brûle qu'elles ne foient déja ici.

MARTON.

Et moi, je crois déja les voir arriver une mine allongée, un vifage d'une aune, des yeux étincelans de jaloufie, la rage dans le cœur.

BENJAMINE.

Ah, que tu les peins bien !

MARTON.

Et je les entends fe dire les unes aux autres, en vérité, ce n'eft que pour ces gens-là que le bonheur eft fait; cette petite fille creve d'ambition. Epoufer un homme de Cour ! Qu'a-t'elle donc de fi aimable ? Voyez ! Bon , bon, dira une autre, il eft bien queftion d'être aimable. Penfez-vous que ce foit à fa beauté, à fes charmes, que ce grand Seigneur fe rend ? Vous êtes bien dupes. Vous croyez qu'il l'aime ? Fi donc ? C'eft fon argent qu'il époufe. Laiffez faire la nôce, & vous verrez comme il la meprifera, & j'en ferai ravie.

BENJAMINE.

Que leur mauvaife humeur me fera de plaifir ?

MARTON.

Elles enrageront bien davantage, quand elles vous entendront dire, adieu Monfieur la Commiffaire, adieu ma Confine la Notaire, la Procureufe, Meffieurs les Bourgeois, doucereux Robins, mauvais plaifans du quartier; adieu le Marais, l'Ifle Saint Loüis, Maifons où l'on va de porte en porte s'ennuyer, ou faire un Quadrille, Madame la Marquife de Moncade vous dit adieu, elle vous quitte fans regret, nous allons à la Cour, nous allons à la Cour.

BENJAMINE.

Et Damis ? Comment crois-tu qu'il prenne cela ?

MAR-

MARTON.

Ma foi, c'est son affaire; il se consolera de son mieux avec quelqu'autre.

BENJAMINE.

Il se consolera avec quelqu'autre? Quoi? Tu crois qu'il pourra m'oublier?

MARTON.

Belle demande! Il seroit bien fou de ne le pas faire.

BENJAMINE.

Va, Marton, je le connois mieux que toi; je suis sûre que ma perte lui sera bien sensible. Il m'aimoit trop pour pouvoir m'oublier si tôt, tu verras que n'ayant pas pû être à moi, il ne voudra jamais être à personne.

MARTON.

Que vous importe?

BENJAMINE.

Il t'a donc paru bien triste, quand tu lui as annoncé son congé?

MARTON.

Fort triste. Je vous l'ai déja dit.

BENJAMINE.

Fais-moi un peu ce détail.

MARTON.

Tenez; le voici qui vous le fera mieux lui-même.

BENJAMINE.

Sauvons-nous, Marton.

SCE-

SCENE X.

DAMIS, MARTON.

DAMIS.

ARrêtez, cruelle.

MARTON.

Cruelle! C'eſt bien le moyen de l'arrêter. Hé! Monſieur Damis, que diantre vous faites fuïr ma Maîtreſſe. Je vous avois ſi bien prié tantôt de ne plus revenir.

DAMIS.

Ciel! Eſt-ce à moi que ce diſcours s'adreſſe?

MARTON.

Nous ne ſommes point en état d'entendre vos lamentations. Notre imagination n'eſt pleine que de nôces, d'Habits, d'Equipages, de Marquis, & de mille autres choſes encore plus réjoüiſſantes.

DAMIS.

La perfide!

MARTON.

Que voulez-vous? Lui faire des reproches? Prenez que vous l'avez appellée infidelle, ingrate, inhumaine, & qu'elle vous a répondu que tel eſt ſon plaiſir. Là, portez vos doleances ailleurs. Je ſuis votre tres-humble ſervante, Monſieur le Conſeiller.

SCENE XI.

DAMIS *seul.*

ELle me fuit! Elle m'abandonne! Elle m'oublie! Avec quelle froideur, & quel mepris elle vient de m'éviter!

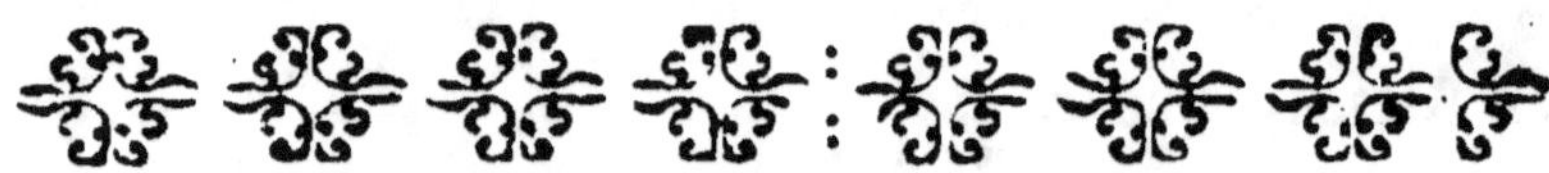

SCENE XII.

M. MATHIEU, DAMIS.

DAMIS.

AH! Monsieur Mathieu, vous voyez le plus infortuné des Amans; Benjamine, la cruelle Benjamine, votre Niéce. . . .

M. MATHIEU.

Hé bien, hé bien?

DAMIS.

Je ne veux plus la voir.

M. MATHIEU.

Bon.

DAMIS.

Je vais la haïr autant que je l'ai aimée.

M. MATHIEU.

A merveille.

DAMIS.

Elle peut épouser son Marquis.

M. MATHIEU.

Chantons.

DA-

DAMIS.

Non, non, je la méprise, l'infidelle!

M. MATHIEU.

Laissez-là toutes ces extravagances. Allez m'attendre chez moi. Je vais retrouver ma sœur; & lui parler comme il faut.

DAMIS.

Tout cela est inutile, mon parti est pris.

M. MATHIEU.

Hé! Taisez-vous, vous dis je. Je vais parler à Madame Abraham, & à Benjamine d'un ton auquel elles ne s'attendent pas. Je ne leur ai pas dit tantôt tout ce qu'il falloit leur dire. Mais ne vous embarassez pas. Ma Niéce, ce soir, sera votre épouse, & c'est moi qui vous le promets. Sortez, sortez; allez chez moi: dans un instant je vous y rejoins avec de bonnes nouvelles. Adieu.

DAMIS.

Vous n'y réüissirez pas.

M. MATHIEU.

. Vous êtes sous ma protection, c'est tout vous dire.

S C E N E   XIII.

M. MATHIEU *senl.*

OH! Oh! Madame ma Sœur, & vous, Mademoiselle ma Niéce, par la morbleu, vous allez voir beau jeu; & je vous apprête un compliment. . . . Il vous faut des Seigneurs, & ruinez encore! Ah! ah! Laissez-moi faire. Je suis dans une colere, que je ne me possede pas. Nous faire cet affront? . . . Que ce Monsieur le Marquis aille épouser ses Marquises, & ses Comtesses! Ah! que je voudrois bien à l'heure qu'il est le tenir? Que je le rece-

E

vrois

vrois bien ! Que je lui dirois bien son fait ! Ni crainte, ni qualité ne me retiendroient. Je me moque de tout le monde, moi; je ne crains personne. Oüi, je donnerois, je crois, tout mon bien maintenant pour le trouver sous ma coupe. Quel plaisir j'aurois à lui décharger ma bile !

SCENE XIV.

LE MARQUIS, M. MATHIEU.

LE MARQUIS.

à part.

Voilà apparemment mon homme ? Je le tiens.

M. MATHIEU.

à part.

C'est lui, je pense ? Qu'il vienne, qu'il vienne.

LE MARQUIS.

Monsieur, de grace, n'êtes-vous pas Monsieur Mathieu?

M. MATHIEU.

brusquement.   *à part.*

Oüi, Monsieur. Nous allons voir.

LE MARQUIS.

Et moi, Monsieur le Marquis de Moncade. Embrassons-nous.

M. MATHIEU.

brusquement.   *à part.*

Monsieur, je suis votre serviteur. Tenons bon.

LE MARQUIS.

C'est moi qui suis le vôtre, ou le diable m'emporte.

à part.   M. MATHIEU.

Voilà de nos serviteurs.

LE MARQUIS

Et je viens de chez vous pour vous en assûrer. Ma bonne

ne fortune n'a pas permis que je vous y trouvaffe. Je vous y ai attendu; & j'y ferois encore fi vos gens ne m'avoient dit que vous veniez d'entrer ici.

à part. **M. MATHIEU.**

Il vient de chez moi!

LE MARQUIS.

Que je vous embraffe encore! Vous ne fçauriez croire à quel prix je mets l'honneur de vous appartenir. Mais ayez la bonté de vous couvrir.

M. MATHIEU.

J'ai trop de refpect. . . .

LE MARQUIS.

Et ne me parlez point comme cela. Couvrez-vous. Allons donc; je le veux.

M. MATHIEU.

bas.

C'eft donc pour vous obéïr. Il croit avoir trouvé fa dupe.

LE MARQUIS.

Mon cher Oncle, fouffrez par avance que je vous appelle de ce nom, & daignez m'honorer de celui de votre Neveu.

M. MATHIEU.

Oh! Monfieur le Marquis, c'eft une liberté que je ne prendrai point. Je fçais trop ce que je vous dois.

LE MARQUIS.

C'eft moi qui vous devrai tout.

M. MATHIEU. *à part.*

Je ne fçais où j'en fuis avec fes politeffes.

LE MARQUIS.

M. Mathieu, je vous en prie, je vous en conjure.

M. MATHIEU *un peu brufquement.*

Je ne le ferai point, s'il vous plaît.

LE MARQUIS.

Quoi? Vous me refufez cette faveur? Il eft vrai qu'elle eft grande.

M. MATHIEU.

Oh ! Point du tout.

LE MARQUIS.

De grace, parez moi, du titre de votre Neveu. C'eſt celui qui me flatte le plus.

M. MATHIEU.

Vous vous moquez.

LE MARQUIS.

Mon cher Oncle, voulez-vous que je vous en preſſe à genoux. *Il ſe met à genoux.*

M. MATHIEU *ſe met auſſi à genoux pour le faire relever.*

Hé ! Monſieur le Marquis, Monſieur le Marquis. . . . . Mon Neveu, puiſque vous le voulez.

LE MARQUIS.

Il ſemble que vous le faſſiez malgré vous.

M. MATHIEU.

Non, Monſieur. *à part.* Le galant homme !

LE MARQUIS.

Parlez-moi franchement, eſt-ce que vous n'êtes pas content que j'épouſe votre Niéce ?

M. MATHIEU.

Pardonnez moi.

LE MARQUIS.

Vous n'avez qu'à dire. Peut-être protegez vous Damis ?

M. MATHIEU.

Non, Monſieur, je vous aſſûre.

LE MARQUIS.

Madame Abraham a dû vous dire. . . .

M. MATHIEU.

Ma Sœur ne m'a rien dit ; & ce n'eſt que ce matin que le bruit de la ville m'a appris que vous faiſiez à ma Niece l'honneur de la rechercher.

LE MARQUIS.

Que veut dire ceci ? Quoi ! vous ne le ſçavez que de ce matin ?

M. MATHIEU.

Non, Monſieur le Marquis.

LE MARQUIS.

Et par un bruit de Ville encore? Eſt-il croyable? Madame Abraham, quoi? Vous que j'eſtimois, en qui je trouvois quelque ſçavoir vivre, vous manquez aux bienſéances les plus eſſentielles? Vous mariez votre fille, & vous n'en avez pas vous-même informé M. Mathieu votre propre frere, un homme de tête, un homme de poids? Vous ne lui avez pas demandé ſes conſeils? Ah! Madame Abraham, cela ne vous fait point d'honneur; j'en ai honte pour vous; & je ſuis forcé de rabattre plus de la moitié de l'eſtime que je faiſois de vous.

M. MATHIEU.

bas.

Ce Courtiſan eſt le plus honnête homme du monde.
haut. Ma Sœur croyoit que je n'en valois pas la peine.

LE MARQUIS.

Je vois bien que c'eſt à moi à réparer ſa faute. Monſieur Mathieu, j'aime votre Niece, elle m'aime, ſa Mere ſouhaite ardemment de nous voir unis enſemble. Tout eſt prêt pour la nôce, équipages, habits, feſtin, c'eſt ce ſoir que nous devons épouſer, mais je vais tout rompre, à cauſe du mauvais procedé de votre Sœur.

M. MATHIEU.

Hé non, hé non, Monſieur le Marquis, je ne mérite pas. . . .

LE MARQUIS.

C'en eſt fait, je n'y ſonge plus.

M. MATHIEU.

Monſieur le Marquis, il faut l'excuſer. . . .

LE MARQUIS.

Les mauvaiſes façons m'ont toujours révolté.

M. MATHIEU.

Monſieur le Marquis, je vous en prie, oubliez cela.

E 3

LE

LE MARQUIS.

Non, M. Mathieu, ne m'en parlez plus.

M. MATHIEU.

Monfieur le Marquis, Monfieur le Marquis.... Mon Neveu. . .

LE MARQUIS.

Ah ! Ce nom me défarme. Madame Abraham vous a obligation, fi je tiens ma promeffe.

à part.　　**M. MATHIEU**

Oh ! Ma foi, voilà un aimable homme.

LE MARQUIS.

Embraffez-moi, de grace mon cher Oncle ; je cours chez moi écrire à votre Niece, & à mes amis ; & fur le portrait que je leur ferai de vous, je fuis fûr qu'ils brûleront de vous connoître ; adieu, cher Oncle. *à part, s'en al-lant.* La bonne pâte d'homme !

SCENE XV.

M. MATHIEU *feul..*

JE fuis charmé, tranfporté, enchanté de ce Seigneur. Je fuis ravi qu'il époufe ma Niece. S'être donné la peine d'aller chez moi, m'embraffer, m'appeller fon Oncle, vouloir que je l'appelle mon Neveu, fe fâcher contre ma Sœur à caufe de moi ! Oh ! Quelle bonté ! Quel beau naturel ! J'en ai penfé pleurer de tendreffe ; allons revoir Madame Abraham & Benjamine ; elles vont être bien joyeufes de voir que j'approuve cette alliance, mais que deviendra Damis ? Ce qu'il pourra, il fe pourvoira ailleurs, il m'attend chez moi... Oh ! Ma foi, je n'oferois plus y aller rentrer.

Fin du fecond Afte.

AC-

ACTE III.

SCENE PREMIERE.

Me. ABRAHAM, M. MATHIEU, BENJAMINE.

Me. ABRAHAM.

E' bien, mon Frere, j'avois grand tort de donner Benjamine à M. le Marquis de Moncade? Damis lui convenoit beaucoup mieux, Je ne sçavois ce que je faisois?

M. MATHIEU.

C'est moi, ma Sœur, qui ne sçavois ce que je disois.

Me. ABRAHAM.

J'étois une imbecile, une extravagante, une folle, de marier ma Fille à un Seigneur?

M. MATHIEU.

Je vous en demande pardon, j'étois un sot.

Me. ABRAHAM.

Elle devoit être malheureuse avec lui.

M. MATHIEU.

Prenez cela pour les apprehensions d'un Oncle qui aime sa Niece.

BENJAMINE.

Je vous en suis obligée, mon Oncle.

E 4

M.

M. MATHIEU.

Mon propre éxemple, & celui de tant de Bourgeoisqui se font mal trouvez de pareilles alliances, me faisoient trembler que ma Niece ne tombât en de méchantes mains. Cette crainte me faisoit regarder Monsieur le Marquis avec de mauvais yeux; je me le representois comme quantié d'autres Courtisans, c'est à-dire, comme un petit Maître, étourdi, évaporé, indiscret, dissipateur, méprisant, dedaigneux; mais point du tout; j'ai eu le plaisir de voir que je m'étois trompé, c'est un jeune Seigneur, sage, posé, aimable, plein d'esprit. . . .

Me. ABRAHAM.

Ah! ah! Je connois bien mes gens.

BENJAMINE

Je suis ravie, mon Oncle, que vous en soyez content.

M. MATHIEU.

Oüi, très content, ma chere Niéce. Je jurerois que tu seras avec lui la plus heureuse Femme de France. Je ne l'ai vû qu'un instant: mais je suis sûr de ce que je dis. C'est bien le plus honnête homme, le meilleur cœur, le plus... Oh! Ma foi, j'en suis enchanté.

Me. ABRAHAM.

Vous ne voulez donc plus la deshériter?

M. MATHIEU.

Vous avez entendu comme je viens de dire à M. Pot-de Vin son Intendant, que je lui assûrois tout mon bien, je voudrois avoir cent millions, je les lui donnerois avec plus de plaisir.

BENJAMINE.

Soyez sur de sa reconnoissance & de la mienne.

M. MATHIEU, *riant.*

Je voudrois que vous m'eussiez vû quand je suis entré ici, je venois vous quereller, j'y ai trouvé Damis au desespoir, il m'a encore animé contre vous; enfin j'étois dans une colere si grande, que je croyois que j'allois vous

étran-

étrangler, vous, Benjamine, & Monsieur le Marquis même. Hélas! Sitôt qu'il a paru, j'ai senti peu à peu que ma colere s'évaporoit, & à la fin, je me suis voulu un mal incroyable, de m'être opposé un seul moment à ce Mariage.

Me. ABRAHAM.

Je sçavois bien, moi, que vous reviendriez sur son compte.

M. MATHIEU.

Mais une chose me tracasse l'esprit.

BENJAMINE.

Qu'est-ce, mon Oncle?

M. MATHIEU.

C'est que j'ai imprudemment promis ma protection à Damis, je l'ai envoyé chez moi m'attendre, & je vous avoüe qu'il m'embarasse, je ne sçai comment y retourner, ni comment m'en défaire.

Me. ABRAHAM.

Quoi, ce n'est que cela? Vous vous démontez pour bien peu de chose. Ah! ah! Laissez moi faire, il n'y a qu'à appeller Marton.

M. MATHIEU.

Pourquoi faire?

Me. ABRAHAM.

Pour le congedier, elle l'entend à merveille, elle le fera bien vîte déguerpir de votre maison. Marton? Bon! La voilà qui vient à propos.

SCENE II.

Me. ABRAHAM, M. MATHIEU, BENJAMINE, MARTON, UN COUREUR.

MARTON.

Madame, voilà le Coureur de Monſieur le Marquis qui demande à vous parler.

Me. ABRAHAM.

Faites entrer.

MARTON.

Entrez, Monſieur le Coureur.

LE COUREUR.

Très-humbles ſaluts, Mademoiſelle Benjamine ; ſerviteur, Madame Abraham ; votre valet Mr. Mathieu ; bon ſoir, friponne : Mademoiſelle, voilà un Billet de Monſieur le Marquis de Moncade. Têtebleu, comme vous prenez cela ! On voit bien que vous devinez une partie des douceurs qu'il renferme.

Me. ABRAHAM.

Tenez, mon ami, voilà un Loüis d'or pour votre peine.

LE COUREUR.

Grand merci, Madame.

M. MATHIEU.

Et en voilà auſſi un, pour vous marquer combien j'aime Monſieur le Marquis.

LE COUREUR.

Grand'merci, Monſieur. Et vous, Mademoiſelle, n'aimez-vous point mon Maître ?

MAR-

MARTON.

Le drôle y prend goût!

LE COUREUR.

Il eſt amoureux de vous comme tous les Diables.

BENJAMINE.

Dites lui bien, bien que nous l'attendons avec impatience.

LE COUREUR.

Il va accourir. Pour moi, je galope porter cet autre billet chez un Duc des amis de mon Maitre.

BENJAMINE.

Un Duc, ma Mere!

LE COUREUR.

C'eſt pour le convier à vos nôces. Votre très-humble & très-obéïſſant. Sans adieu, mon adorable.

SCENE III.

Me. ABRAHAM, M. MATHIEU, BENJAMINE, MARTON.

BENJAMINE.

TEnez, mon Oncle, liſez vous même, afin que vous connoiſſiez mieux ce que vaut Monſieur le Marquis.

M. MATHIEU.

Avec plaiſir.

Me. ABRAHAM.

Je brûle d'entendre ce Billet.

MARTON.

Pour moi, je ſuis perſuadée, qu'il contient de belles choſes.

BEN-

BENJAMINE.
Tu vas entendre, Marton.

M. MATHIEU, *lit.*

Enfin, mon cher Duc . . . Mon cher Duc ! . . .
A Monsieur, Monsieur le Duc de. . . .

Me. ABRAHAM.
Vous verrez que le Coureur aura fait une méprise.

M. MATHIEU, *riant*
Oüi, justement. Il nous a donné le Billet qu'il portoit à ce Duc, ami de son Maître. Peste du butor !

Me. ABRAHAM.
Ne laissons pas de lire, puisqu'il est décacheté.

M. MATHIEU, *riant.*

Enfin, mon cher Duc, c'est ce soir que je. . . . Que je
m'encanaille. . . .

Me. ABRAHAM.
Plaît-il, mon Frere ? Que dites-vous ? Lisez donc, lisez
donc bien.

M. MATHIEU.
Lisez mieux vous même, ma Sœur.

Me. ABRAHAM, *lit.*

Que je. . . . m'encanaille. . . .

BENJAMINE, *lit.*

Que je. . . . m'encanaille. . . .

MARTON, *lisant.*
Oüi. . . . Canaille. . . .

BENJAMINE.
Seroit-il possible, Marton ?

MARTON.
Ma foi, j'en tremble pour vous.

M. MATHIEU.
Continuons de lire. (*Il lit.*) *Enfin mon cher Duc, c'est*
ce soir que je m'encanaille ; ne manque pas de venir à ma
nôce, & d'y amener le Vicomte, le Chevalier, le Marquis,
& le gros Abbé. J'ai pris soin de vous assembler un tas d'o-
rigi-

riginaux qui composent la noble famille où j'entre. Vous ver-
rez premierement ma Belle-mere Madame Abraham. Vous
connoissez tous pour votre malheur cette vieille folle. . . .

Me. ABRAHAM.

L'impertinent !

M. MATHIEU.

Vous verrez ma petite future Mademoiselle Benjamine ;
dont le précieux vous fera mourir de rire.

MARTON.

Ecoutez, voilà des vers à votre honneur.

BENJAMINE.

Le scélerat !

M. MATHIEU.

Vous verrez mon très honoré Oncle Monsieur Mathieu ,
qui a poussé la science des Nombres jusqu'à sçavoir combien
un écu rapporte par quart d'heure. . . . Le traître !

MARTON.

Le bon Peintre !

M. MATHIEU.

Enfin, vous y verrez un Commissaire, un Notaire, une
accolade de Procureurs. Venez vous rejoüir aux dépens de
ces animaux-là, & ne craignez point de les trop berner ,
plus la charge sera forte, & mieux ils la porteront, ils ont
l'esprit le mieux fait du monde, & je les ai mis sur le pied de
prendre les brocards des gens de Cour pour des complimens.
A ce soir, mon cher Duc, je t'embrasse.

Le Marquis DE MONCADE.

Voilà, je vous assûre, un méchant homme*!*

MARTON.

Je crains bien que nous ne soyons pas emmarquisées.

Me. ABRAHAM.

Auroit-on pensé cela de lui ?

M. MATHIEU.

Après cela, fiez-vous aux Courtisans. Je me serois don-

né

né au diable que c'étoit un honnête homme. J'étois en garde contre lui, & il m'a pris comme un fot.

MARTON.

Ce qui m'en fâche le plus, c'eft que vous avez payé cette Pilulle deux Loüis d'or au Coureur.

Me. ABRAHAM.

Quand je lui en aurois donné dix, je ne m'en repentirois pas. Sa méprife nous fait ouvrir les yeux.

MARTON.

Le voilà qui revient.

SCENE IV.

Me. ABRAHAM, BENJAMINE, M. MATHIEU, MARTON, LE COUREUR.

LE COUREUR.

EH! Morbleu, Mefdames, qu'ai je fait? Voilà votre Lettre; & je vous ai donné celle que Monfieur le Marquis écrivoit à un Duc de fes amis. Donnez. Par bonheur le Cachet n'eft pas rompu, je vais la raccommoder, & la porter en diligence. Je vous prie de ne lui point parler de ce qui pro quo. Il n'eft pas aifé, il m'affommeroit Serviteur.

MARTON.

Au diable, Meffager de malheur.

SCENE V.

Me. ABRAHAM, M. MATHIEU, BENJAMINE, MARTON.

BENJAMINE.

Je n'ai pas la force d'ouvrir celle-ci.

MARTON.

Donnez, donnez-moi. Or écoutez.

M. MATHIEU.

Laisse cela, Marton. C'est, sans doute, quelque nouvelle insulte? Mais il n'aura pas le plaisir de se rire encore longtems de nous; son Coureur va lui-même le faire donner dans le panneau. Et ce soir, en présence de ses amis, il sera la dupe de ses perfidies.

Me. ABRAHAM.

Je suis hors de moi.

BENJAMINE.

Que faut-il que je devienne?

M. MATHIEU.

Il faut vous raccommoder avec Damis; il m'attend chez moi. Marton, va le faire venir.

BENJAMINE.

Non, mon Oncle, laissez-moi plutôt ensevelir ma honte dans un Couvent.

M. MATHIEU.

La belle pensée!

BENJAMINE.

J'ai rebuté Damis: quelle honte de retourner à lui!

M.

M. MATHIEU.
Il fera ravi de vous avoir.

MARTON.
Hé bien, le ferai je venir?

M. MATHIEU.
Oüi, va.

MARTON, *fortant*.
Adieu, le Marquifat, adieu la Cour.

SCENE VI.

Me. ABRAHAM, M. MATHIEU, BENJAMINE.

Me. ABRAHAM.

ENcore une chofe qui me chagrine, mon Frere.

M. MATHIEU.
Quoi? Qu'eft-ce?

Me. ABRAHAM.
C'eft que j'ai eu la foibleffe de faire à ce beau Marquis
un dédit de cent mille francs.

M. MATHIEU.
Cent mille francs? Ma Sœur, vous craigniez de le manquer.

Me. ABRAHAM.
Cela eft fait.

M. MATHIEU.
Il faudra lui donner en payement les Billets que vous
avez à lui: auffi bien c'étoit une dette affez defefperée.

Me.

Me. ABRAHAM.

Trop heureuſe de ce qu'il ne vous en coûte pas tout vo-
re bien & votre Fille.

Me. ABRAHAM.

Que ne vient-il à preſent le perfide?

M. MATHIEU.

Non, ma Sœur. Feignons pour le faire tomber dans le
piége que je lui tends.

Me. ABRAHAM.

Il vaut donc mieux que je me retire, car je ſuis outrée,
je ne me poſſéderois pas. Je vais envoyer chercher notre
Couſin le Notaire.

M. MATHIEU.

Vous, Damis va venir, faites votre paix avec lui. Le
voici déja. Je vous laiſſe enſemble.

BENJAMINE.

Reſtez avec moi, mon Oncle. Que vas-je lui dire?
Que ſa preſence m'embaraſſe!

SCENE VII.

BENJAMINE, DAMIS.

DAMIS.

ENfin, adorable Benjamine, c'en eſt donc fait? Vous
épouſez le Marquis de Moncade? Je vous perds pour
toujours? Quoi! Vous ne daignez pas tourner la vûë ſur
moi. Ah, Benjamine?

BENJAMINE.

Ah! Damis, je n'oſe lever les yeux, & je mérite que
vous me haïſſiez.

F   DA-

DAMIS.

Non, je vous aimerai toujours, toute infidelle que vous êtes. Je voudrois que le Marquis pût vous offenser, qu'il pût mériter votre haine : mais non, vous êtes trop belle, trop bonne : qui pourroit jamais se résoudre à vous déplaire ?

BENJAMINE.

Hé bien ? Si cela étoit, Damis ?

DAMIS.

Ah ! Quel plaisir j'aurois à vous voir revenir à moi !

BENJAMINE.

Vous vous souviendriez éternellement que je vous quittois, & que vous ne me devez qu'au dépit.

DAMIS.

Non, ma cher Benjamine.

BENJAMINE.

Qui m'en assûreroit ?

DAMIS.

Mon amour, mon cœur ; oubliez le Marquis, oubliez votre infidelité ; & moi je ne m'en souviens déja plus.

BENJAMINE.

Damis, je ne me la pardonnerai jamais.

DAMIS.

Ciel ! Qu'entends-je ? Quoi ? Je revois en vous cette chere Benjamine, dont la tendresse. . . .

BENJAMINE.

Oüi, Damis, & je ne reverrai jamais qu'en vous ce qui pourra me plaire.

Damis lui baise la main.

SCE-

SCENE VIII.

M. MATHIEU, DAMIS, BENJAMINE.

M. MATHIEU.

CE que je vois me perſuade que vous êtes raccommo-
modez. Hé bien, que vous avois-je promis?

DAMIS.

Ah! Monſieur, il falloit ce petit démêlé pour me faire
mieux ſentir tout l'amour que j'ai pour elle.

BENJAMINE.

Et moi, pour me faire connoître tout ce que vous
valez.

M. MATHIEU.

Fort bien. Notre Couſin le Notaire eſt ici. Je lui ai
expliqué les intentions de votre Mere & les miennes: il
travaille à votre Contrat de mariage. Oh! Ma foi, Monſieur le Marquis aura un pied de nez.

SCENE IX.

M. MATHIEU, DAMIS, BENJAMI-NE, MARTON.

MARTON.

VOilà Monſieur le Marquis qui vient ici avec deux Seigneurs de ſes amis.

BENJAMINE.

Evitons-les, mon Oncle. F 2 M.

M. MATHIEU.

Oüi, vous avez raison. Il n'est pas encore tems de paroître. En attendant que le Contrat soit prêt, suivez-moi chez ma Sœur. Marton, reste-là pour les recevoir.

SCENE X.

MARTON, *seule.*

LE maudit Coureur! Hom! Je l'étranglerois, le chien qu'il est? avec son qui pro quo! Il n'y a que moi qui perds à cela. Oh! Il n'en est pas quitte.

SCENE XI.

LE MARQUIS, LE COMMANDEUR, LE COMTE, MARTON.

LE MARQUIS.

VEnez, venez, mes amis.

LE COMTE, *embrassant Marton.*

J'embrasse d'abord. Est-ce là ta Future Marquis? Elle est, ma foi, drôle.

LE MARQUIS.

Eh non, Comte, tu te trompes.

LE

LE COMMANDEUR.
C'eſtà coup ſûr quelqu'une de ſes Parentes.
LE MARQUIS.
Tout auſſi peu, Commandeur. C'eſt la ſuivante Mais où eſt donc Madame Abraham, M. Mathieu, Mademoi-ſelle Benjamine ? Je les croyois ici Va donc leur dire qu'ils viennent, que ces Meſſieurs brûlent de les voir & de les ſaluer.
MARTON.
J'y vais, Monſieur.
LE MARQUIS.
St. ſt. Et mon Billet ? Tu ne m'en dis rien. Comment a-t'il été reçû ? Ils en ſont tous charmez, n'eſt ce pa ?
MARTON.
Aſſûrement. Ils ſeroient bien difficiles.
LE MARQUIS.
Cela eſt leger, badin, Damis lui écrivoit-il ſur ce t n ?
MARTON.
Non, vrayment.
LE MARQUIS.
A propos de Damis; il eſt ici, ne ſera-t'il pas des nô-tres ? Que Benjamine l'arrête, je le veux, dis lui bien.
MARTON, *en s'en allant.*
Quel dommage que de ſi amables petits hommes ſoient ſi ſcélerats dans le fond ?

SCENE XII.

LE MARQUIS, LE COMMANDEUR, LE COMTE.

LE COMTE.

PArbleu, Marquis, tu me mets-là d'une partie de plaifir des plus fingulieres. Elle eſt neuve pour moi.

LE MARQUIS.

Tant mieux. Elle te piquera davantage.

LE COMMANDEUR.

Aurons-nous des Femmes?

LE COMTE.

Le Commandeur va d'abord-là.

LE MARQUIS.

Oüi, je t'en promets une légion, tant Femmes que Filles, & toutes de la Parenté; ces petites gens peuplent prodigieufement.

LE COMMANDEUR.

Un de mes grands plaifirs eſt de regarder une Bourgeoire quand un homme de condition lui en conte. Pour faife l'aimable, elle fait les plus plaifantes mines du monde; ce font des fimagrées, elle fe rengorge, elle s'épanoüit, elle fe flate, elle fe rit à elle-même; on voit fur fon vifage un air de fatisfaction, & de bonne opinion.

LE COMTE.

Oh! morbleu, Commandeur, je te donnerai ce plaifir là. Je me promets de bien défoler des Maris, & de lutiner bien des Femmes.

LE COMMANDEUR.

Tu leur feras honneur à tous. Tu verras les Maris fourire

rire avec un visage gris brun, & les Femmes n'oseront seulement se défendre. Oh! Ils sçavent vivre, les uns, & les autres.

SCENE XIII.

LE MARQUIS, LE COMMANDEUR, LE COMTE, UN COMMISSAIRE, MARTON.

MARTON.

Monsieur le Marquis, la Compagnie va venir.

LE MARQUIS.

Qu'est-ce déja que ce visage-là ?

MARTON.

C'est M. le Commissaire, un beau Frere de feu M. Abraham.

LE MARQUIS.

Apprêtez-vous, mes amis, voilà déja un de nos Acteurs. Soyez le bien venu, mon Oncle le Commissaire.

MARTON, *bas.*

Je m'apprête à bien rire.

LE COMMISSAIRE.

M. le Marquis ! . . .

LE MARQUIS.

Commandeur, Comte, embrassez donc mon Oncle le Commissaire.

LE COMMANDEUR.

Embrassons.

LE

LE COMTE.

De tout mon cœur.

LE MARQUIS.

Il peut vous rendre ſervice.

LE COMMISSAIRE.

Je le ſouhaiterois.

LE COMTE.

Oh *!* Je connois Monſieur le Commiſſaire; c'eſt un galant: tel que vous le voyez, il ſemble qu'il n'y touche
pas.

LE COMMISSAIRE.

Monſieur, en vérité. . . .

LE COMTE.

Il n'y a pas longtems que je lui ai ſouflé uue petite Fille,
auprès de qui il avoit déja fait de la depenſe.

LE COMMISSAIRE.

Ce ſont des bagatelles.

LE COMMANDEUR.

Oüi, une Maîtreſſe eſt une bagatelle pour un Commiſſaire; il eſt à la ſource.

MARTON, *bas.*

Voilà un pauvre diable en bonne main.

SCENE XIV.

M. LE MARQUIS, LE COMMANDEUR, LE COMTE, Me. ABRAHAM, BEN-JAMINE, M. MATHIEU, DAMIS, LE COMMISSAIRE, MARTON.

MARTON.

MEffieurs, voici toute la nôce qui arrive.

M. MATHIEU.

Ne difons, rien, tous tant que mous fommes. Laifons-leur faire toutes leurs impertinences.   Nous aurons bientôt notre revanche.   Il va être bien pris

LE MARQUIS.

Ah ! Madame Abraham. . . . . Allons Commandeur, Comte, je vous les préfente, faites-leur politeffe, je vous en prie.

LE COMMANDFUR.

Madame Abraham, c'eft par vous que je commence. Sans rancune.

LE MARQUIS.

Elle m'a promis qu'elle ne te rançonneroit plus.

à part.   Me. ABRAHAM. .

J'ai bien de la peine à me contraindre.

LE COMTE.

A moi, Madame Abraham.   Morbleu, je vous donne mon eftime.   Le diable m'emporte vous allez être la femme du Royaume la mieux engendrée.

LE MARQUIS.

A ma future.

F 5

LE

LE COMMANDEUR.

Pour moi, je lui ai déja fait mon compliment.

LE COMTE.

Et moi, je la garde pour la bonne bouche, & je cours à ee gros Pere aux Ecus. Morbleu, il a l'encolure d'être tout cousu d'or.

LE MARQUIS.

C'eſt mon très-cher Oncle M. Mathieu.

à part.   M. MATHIEU.

Tu ne ſeras pas mon très-cher.

LE COMMANDEUR.

Que je vous embaraſſe auſſi, M. Mathieu. Il y a long-tems que je cherchois à être en liaiſon avec vous. Toute la Cour vous connoît pour un homme d'un bon commerce, pour un homme de crédit.

M. MATHIEU.

Cela me fait bien du plaiſir.

LE MARQUIS.

Et mon petit Couſin le Conſeiller, Meſſieurs, ne lui di-rez-vous rien ?

MARTON, *bas.*

Je m'étonnois qu'il l'oubliât.

LE MARQUIS.

Si vous avez des Procez, il vous les jugera. Saluez-le donc, allons.

LE COMMANDEUR.

De toute mon ame. A toi la balle, Comte.

LE COMTE.

J'y ſuis, Commandeur.

LE MARQUIS.

C'eſt le meilleur petit caractere que je connoiſſe. J'é-pouſe ſa Maitreſſe, eh bien, il ſoûtient cela en héros.

DAMIS, *bas.*

Nous verrons.

LE

LE COMMANDEUR.
Malepeſte! Cela s'appelle ſçavoir preadre ſon parti.

LE COMTE.
J'en ſuis à Madame la Marquiſe.

BENJAMINE.
Cette qualité ne m'eſt pas dûë.

LE COMTE.
Oh! Pardonnez-moi; & ſi M. le Marquis ne vous épou-
ſoit pas, je vous épouſerois, moi.

BENJAMINE, bas.
Je merite bien cela

LE COMMANDEUR.
N'avons-nous plus perſonne à haranguer?

LE MARQUIS.
Non, ſi ce n'eſt Marton.

LE COMMANDEUR.
Oüi dà, il faut qu'elle ait auſſi ſa part. Viens çà.

LE COMTE.
J'ai commencé par elle.

LE COMMANDEUR.
Elle a une mine libertine qui me plaît.

LE MARQUIS.
Sa mine n'eſt point trompeuſe, je gage?

MARTON, bas.
Voilà pour moi.

SCENE XV.

LES ACTEURS DE LA SCENE PRECEDENTE, LE NOTAIRE.

M. MATHIEU.

A Notre tour, nous allons voir beau jeu. Approchez, mon Cousin le Notaire.

LE MARQUIS.

Il vient fort bien : Embraſſons mon Couſin le Conſeiller Gardenotte. Ne trouvez-vous pas, Meſſieurs, qu'il a une phyſionomie bien avantageuſe ?

LE NOTAIRE.

Laiſſons-là ma phyſionomie, Meſſieurs; vous vous moquez de moi ſans doute; mais il n'eſt pas tems de rire. Voilà le Contrat qu'il eſt queſtion de ſigner.

LE COMMANDEUR.

Monſieur le Notaire a raiſon. Oüi, ſignons, nous rirons bien davantage après.

Tout le monde ſigne.

DAMIS.

Souffrez qu'à mon tour, Meſſieurs, je vous prie de ma Nôce.

LE COMTE, *riant.*

Plaît-il*!*

LE MARQUIS, *riant.*

Comment ? comment ? Qu'eſt-ce à dire ?

LE COMMANDEUR, *riant.*

Il y a du mal entendu.

Me.

Me. ABRAHAM.

Cela veut dire, Monſieur le Marquis qu'il y a longtems que nous vous ſervons de joüet.

LE MARQUS.

Je ne vous entends pas. Expliquez-moi cet Enigme.

MARTON.

Le mot de l'Enigme eſt, que votre Coureur a donné par mépriſe, ou peut-être par malice, à Mademoiſelle, une Lettre que vous écriviez à un Duc de vos amis. . . . .

Me. ABRAHAM.

Et que je ne veux pas que vous vous encanailliez.

LE COMMANDEUR, *riant.*

Ah! ah! Marquis, tu ne ſeras pas marié.

LE COMTE.

Il ne faut, morbleu, pas en avoir le démenti.

LE MARQUIS.

Parbleu, mes amis, voilà une royale Femme que Madame Abraham? Je ne connoiſſois pas encore toutes ſes bonnes qualitez. Je m'oubliois, je me deshonorois, j'épouſois ſa Fille; elle a plus de ſoin de ma gloire que moi-même; elle m'arrête au bord du precipice. Ah! embraſſez-moi, bonne Femme, je n'oublierai jamais ce ſervice. Mais vous payerez le dédit, n'eſt-ce pas?

Me. ABRAHAM.

Il le faut bien, puiſque j'ai été aſſez ſotte pour le faire. Monſieur, je vous rendrai, pour m'acquitter, les Billets que j'ai à vous.

LE MARQUIS.

Ah! Madame Abraham, vous me donnez-là de mauvais effets. Compoſons à moitié de profit, argent comptant.

M. MATHIEU.

Non, Monſieur, c'eſt aſſez perdre.

LE MARQUIS.

Adieu, Madame Abraham; adieu, Mademoiſelle Benjami-

Jamine; adieu Meſſieurs; adieu Monſieur Damis, épouſez, épouſez, je le veux bien; allons, allons, mes amis, allons ſouper chez Payen.

SCENE DERNIERE.

Me. ABRAHAM, BENJAMINE, M. MATHIEU, DAMIS, LE COMMISSAIRE, LE NO-TAIRE, MARTON.

MARTON.

HE' bien vous vous promettiez de le berner, c'eſt encore lui qui ſe moque de vous.

M. MATHIEU.

Allons, allons achever le Mariage, & nous rejoüir de l'avoir échapé belle.

MARTON

Et vous, Meſſieurs, s'il vous ſemble que ce ſoit ici une bonne école, venez-y rire.

F I N.